TED

演讲的秘密

[美] 杰瑞米·多诺万／著　　冯颙　安超／译

TED

HOW TO DELIVER A TED TALK

中信出版集团｜北京

图书在版编目（CIP）数据

TED 演讲的秘密 /（美）杰瑞米·多诺万著；冯颙，
安超译 . -- 北京：中信出版社，2023.8
　　书名原文：How to Deliver a TED Talk：Secrets
of the World's Most Inspiring Presentations
　　ISBN 978-7-5217-5707-1

　　Ⅰ.① T… 　Ⅱ.①杰… ②冯… ③安… 　Ⅲ.①演讲学
Ⅳ.① H019

中国国家版本馆 CIP 数据核字 (2023) 第 095076 号

TED 演讲的秘密
著者：　　［美］杰瑞米·多诺万
译者：　　冯颙　安超
出版发行：中信出版集团股份有限公司
　　　　（北京市朝阳区东三环北路 27 号嘉铭中心　邮编　100020）
承印者：　嘉业印刷（天津）有限公司

开本：880mm×1230mm　1/32　　印张：8　　　　字数：182 千字
版次：2023 年 8 月第 1 版　　　　印次：2023 年 8 月第 1 次印刷
京权图字：01-2023-2441　　　　　书号：ISBN 978-7-5217-5707-1
　　　　　　　　　　　定价：59.00 元

版权所有·侵权必究
如有印刷、装订问题，本公司负责调换。
服务热线：400-600-8099
投稿邮箱：author@citicpub.com

目　录

用演讲联结他人

顾秋蓓

英语系副教授，资深演讲教练，全国演讲冠军

二十年前我参加了 21 世纪杯全国大学生英语演讲比赛，从此我的人生发生了一系列变化。我换了专业，留校任教，并且从事与演讲相关的教学培训与研究，带学生参加比赛，当教练，做企培，担任评委。总之我的生活与工作里充满了演讲。很多人问我，如何才能成为一个好的演讲者，赢得演讲比赛的秘诀是什么？在试图回答这些问题前，我想先问大家一个问题：我们为什么要去演讲呢？也许你会说，"我要拥有一个展现自我的舞台""锻炼自己、影响他人""我还想为自己今后的发展做准备"。这些理由都很合理，但是大家有没有感到缺少了一些什么，我们为什么要展现自我？为什么更好的表达能力会让人更优秀？在职场上、生活中，乃至世界舞台上，演讲为什么如此重要呢？

要知道，你对于"我为什么要去演讲"这个问题的回答，会决定你将成为一个什么样的演讲者。如果你认为演讲只是一个展现自己的舞台，那么你将会成为一个表演者（performer），犹如电影《马戏之王》中的演员们。如果你想通过演讲锻炼自己，那么你会以一种学习者（learner）的姿态去接受观众与评委的评价与打分。但是，良好的演讲能力之所以能让人在职场或其他场合变得更加成功，是因为演讲这一人类独有的修辞活动可以帮我们去实现一个每个人内心深处都向往的东西，是什么呢？那个东西叫作"联结"（connection）！我们人类的内心其实特别惧怕孤独，渴望认同，期待通过与他人沟通，建立连接，从而实现自我价值。正如古希腊著名演讲教育家伊索克拉底所说：

> 在很多能力方面，人类其实不如其他生物，但正因为人类具有互相说服、表达心之所想的能力，所以才得以摆脱野兽般的生活，并且还能聚集在一起建立城邦，制定法律，创作艺术。总之，人类所有的组织活动都需要语言的助力。

荷马也曾这样评价：在战争不断的古希腊，奥德赛等人的修辞能力不亚于阿喀琉斯等人的神力。由此可见，演讲等修辞能力之所以得到我们的如此重视，是因为几乎所有的人类活动都需要依靠沟通、说服、谈判，甚至是辩论来达成。简而言之，我说故我在，言说赋予人类生存的意义。

　　演讲，不光是一种技能，更是一个人成为"全人"（whole person）的必经之路。古罗马著名修辞家、教育家昆提利安提出了"德重于才"的修辞教育理念，将培养具有高尚道德、积极参与公共生活的公民作为"演讲教育"的目标。相信我们都是这一目标的践行者。

　　明白了为什么要演讲之后，我们当然需要学习如何演讲？大家手里的这本书是我书架上的老朋友，其实在看第二版之前，我已经买过第一版了，感动于作者的真诚和对演讲（尤其是 TED 演讲）的真爱，并在此领域耕耘多年，带着"给予"之心为大家呈现了这本在我看来像是"成功演讲手册"的好书。在此推荐给大家！

推荐序二

改变人生的表达

黄启团

心理学导师，作家

其实，每一个人生来都是沟通、表达的高手，只是后来被废了"武功"。人类为什么能站在食物链的顶端呢？就是因为人类会使用语言，懂得表达、沟通、合作。我是一个心理学"用家"，从我的视角来看，这本《TED演讲的秘密》里提到的表达技巧和手段，恰恰符合人际沟通中的心理机制。我常常说，在这样一个时代，一个人能不能升职加薪，一靠个人能力，二靠与他人合作。语言就是合作的重要工具，改变说话方式，就能改变你的人生。如果你能够掌握这本书的表达理念，那么你就能超越大多数人。

举例来说，作者在这本书中格外强调了我们在表达、分享的时候要言之有物，要说那些真正值得说的话，要讲自己真正关心的问题。我在我的《改变人生的谈话》一书中也说过，我们要集中精力，让自己成为某一个领域的专家。自信，源于你在某个领域有过人之处。我们应该向针学习，针之所以有穿透力，并不是因为它有多强大，而是因为它足够尖。当你能够像针一样，把精力用在一个点上，假以时日，你一定能够成为这个方面的专家。在你熟悉的领域，围绕你感兴趣的、热爱的事情，你自然能够侃侃而谈。这也就是为什么作者建议我们"讨论你'熟悉与热爱'的话题"。

作者在这本书中还提出了一个非常重要的核心理念：演讲的目的是给予。这个概念的核心，是要用真诚的表达和沟通打动你的听众，而不是操控他们。正如作者所言，如果你表达的动机是你要树立自己的品牌，那么你很难使你的讲话内容深入人心，但是如果你的目的是分享你认为对自己有价值的观点以帮助他人，那么你就很有可能获得更大的成功。这就是我总说的："不要总想着搞定一个人。"你可能总想搞定你的下属、搞定你的伴侣、搞定你的孩子，可是试想，如果有人想要搞定你，你会怎么想？当你起心动念想搞定一个人的时候，那么你就已经输了！搞定，其实是一种操控。操控行为源于个人目标，而有效、有益的沟通、表达应该是像作者写的这样，是了解到对方的需求，然后表达自己的有价值观点，满足他人的需求。如此一来，你的想法想不被传播、想不被接受都难！

除了以上这些基本理念性内容外，作者还提出了许多实用技巧，其中一些是我也在自己的沟通课上提到过的，比如善用"非语言信号"，多用肢体语言，这包括眼神交换、双手的动作、面部表情，这些都是一种"信息"。通过观察这些肢体语言，可以更好地判断对方的态度和思维方式，这有助于双方的高效沟通。再比如，在说话时多用开放式提问，少用封闭式提问，这种提问方式更有可能让听众跟着你的思路走，并产生自己的思考。

诸如此类符合心理学原理又经过了无数经典 TED 演讲验证的建议，作者在本书中还提出了很多。我非常欣慰看到这样一本实用又科学的书出版，这本书不仅适用于日常的小场面聊天、面试、致辞，还适用于大场面的会议、正式演讲等场合。仔细研读这本书，你还可以学会高情商沟通、观察别人语言背后真正的想法，这对于我们的人生和事业的发展尤为重要。

用 18 分钟把你的故事讲好

纪中展

资深商业顾问，幸福乡村图书馆发起人

我在 2020 年组织过一次 12 位企业家参与的高规格私董会，其中一个环节是要求每一位企业家上台"露三点"，也就是用 5 分钟的时间讲清楚"你是谁，你的企业是做什么的，你最值得骄傲的一件事是什么"。这个看起来并不难的标准动作，这些身经百战的企业家居然没有很好地完成。

让我诧异的是，这样一个小范围的演讲也让其中的几位大汗淋漓，甚至语无伦次。更让我吃惊的是，这 12 位企业家上台后不是拉拉杂杂毫无重点，就是如同播报履历一般毫无新意。

我是谁，我的企业是做什么的，我最值得骄傲的一件事，这三个可以说他们经常讲的内容，怎么就把他们难住了？在复盘时这些企业家活跃起来了，总结起来有两种声音：一批人认为不是不会说，是没有做好准备，平时在公司开会面对几千人讲 8 个小时都是掌声频频，今天在台上有点发蒙导致发挥失常；另一批人认为我们都是实干家，就是踏踏实实干事的，一直很低调，让我们做没问题，耍嘴皮子的事不太行。

实际上，这些企业家对演讲这件事是有误解的，本质上是没有意识到演讲的价值和魅力，作为企业家把自己介绍出去用讲故事的方式去传播好是一件多么重要的事情，这是领导力和影响力的展现。

我们看到很多顶尖企业家都是很会演讲、很会讲故事的，可以说是沟通高手。华为创始人任正非通过一篇篇文章、一个个故事让华为的价值观得到很好的展现。某德高望重的企业家也是业界公认的沟通高手，他的演讲和公开信都是洛阳纸贵、流传甚广、影响深刻，这也为他的企业获得了巨大势能，他曾对此评价："光说不练假把式，光练不说傻把式，能练会说真把式。"

能练会说，本质上就是思 + 行 + 传的结合，也就是思维框架 + 实践落地 + 传播能力的深度融合并产生化学作用。这不仅仅是企业家需要掌握的，对于每一个人而言都是需要具备的基础能力。当然，每个人不是一开始就会真把式的，但每个人都可以通过掌握正确的方法、大量练习来掌握真把式，成为演讲高手。

这本《TED 演讲的秘密》就是从内容和技巧的角度来帮助你掌握演讲能力的实践手册，作者以数十场经典 TED 演讲为例，分享了他在 10 年间超过 10000 小时演讲训练的成果、经验和心得，非常具有实操性。

书里面的很多方法，和我过去演讲的经验很契合。比如，完美的演讲来自精心的准备，需要不断地练习、练习、练习；比如，要形成自己的思维框架，用这个思维框架来解构所有的内容和场景，让讲的内容更有逻辑，更有感染力；再比如，在演讲台上不要试图去演出、演绎，而是要做自己，天下武功唯真不破。

经常有人问我，看你好像每次在台上演讲的过程很松弛、很享受，金句频出，一个个故事和包袱信手拈来，那你在台上紧张吗？呵呵，当然紧张了，每次讲完后背都湿透了，但当时意识不到，不过可以确定的是，我一定能讲好，因为我已经在台下对内容进行了反复打磨，并进行了多次练习！

译者序

每个人心中都有一个 TED

冯颙

演示力研究院创始人，首席研究员

可能很多人都知道，TED 代表着 Technology（技术）、Entertainment（娱乐）和 Design（设计），这也是 TED 本身吸引人的地方。TED 近年风靡中国，是因为它提供了一个开放式的平台，以一种独有的表现形式吸引着各行各业的演讲爱好者，并在看似没有标准的情况下规范着人们的思想和意识水平，传递着闪光且有价值的思想与精神。

人类不缺智慧，但是如何真切地表达自己的思想是需要智慧的，这也是困扰很多人的一个难题。从这一点来说，这本书可以说是一本跨时代的作品，它并没有给出一些演讲技巧的细枝末节，也没有摆出一副高高在上、需要读者自己去体会和领悟的架势。它更像是一个行动指南，从一个学习者的角度出发，以经典的 TED 演讲作为样本展开讨论，这是其他任何谈论演讲的图书和理论都不具备的特质。

我们知道，TED 官方网站上大约有 1 000 多段标准的 16~18 分钟的演讲。TED 演讲对形式和内容的要求非常高，所以每一篇演讲都非常值得分析和传播，从内容到形式，都是很好的演讲行动指南。

有幸能翻译这本书，对我自己也是非常大的启发和触动，我特别希望把这本书介绍给国内的读者。在对于以 TED 为标志的演讲的分析上，这本书有一个非常大的创新，也是一个非常有启发意义的观点，即每一段演讲就好比一次旅行，或是一场剧目。

作者杰瑞米·多诺万使用了最典型的戏剧当中的三幕分析方式，将演讲的内容和戏剧化的表现方式进行了很好的结合。有时候我也会想，一场好的演讲，它的代入感非常重要，它能调动起观众的生命体验。这种体验进而会触动观众的听觉、视觉和味觉，甚至是对整个人的完整思考。比如，我们很喜欢看电影，是因为电影给我们一种生命体验，这种生命体验是视觉的、震撼的，当然也有听觉的。但电影又给我们一个安全的距离，所以我们能在一个相对抽离的状态下去体验这种生命的感受。好的演讲也是这样。我非常赞同作者用电影或剧本这种戏剧化分析方式去分析演讲。

作者将 TED 的几个典型演讲进行了很好的分类，从导论，A 部分、B 部分、C 部分到结论，中间又划分出了要素、论点和论据。我相信大家看完这本书，在演讲准备和思路搭建方面，会得到非常好的启发和建议。

TED 是通过严谨认真的设计，去传递真正有价值和有说服力的观点，只要你遇到这样一个舞台，它就是你的 TED。你如果想达到这样的目标，就必须学习 TED 的演讲风格和演讲方式。正如本书中作者反复引用的一个很经典的演讲——西蒙·斯涅克做的演讲，我强烈建议大家去听一听，去感受一下 TED 真正的魅力。你会发现，其实这段演讲录制的效果并不太好，场地也并不恢宏，甚至于演讲者本人没有用 PPT（演示文稿），只用了一块白板就开始讲解观点，但他的观点特别让人振奋，或者说特别能够警醒世人。所以，这段演讲成了点击率和传播率最高的几个 TED 演讲之一。

真正能打动人心的往往就是一个值得传播的观点。如果你能用故事化的方式，流畅完整地传递出这个观点，其他一切就显得相对次要了。西蒙·斯涅克的演讲的核心观点就是"从'为什么'开始"：当你区分优秀公司和平庸公司、成功者和普通人时，你会发现秘密只有一句话：成功者往往都是从"为什么"开始思考的，而不是从"怎么做"或者"做什么"开始。

翻译完这本书，我不免回想，演讲过程也是如此。有太多的人在演讲过程中特别关注"做什么"和"怎么做"，却没有思考"为什么"——为什么要做这个演讲，为什么要影响他人，为什么觉得自己的观点是值得传播的。当我们沉下心来思考这些问题的时候，才发现这个"为什么"才是最核心的部分。为什么 TED 演讲能够吸引人，答案就在于它是每一个观众内心的折射，它代表着每个人内心的渴望——每个人的内心都有一个想去分享的冲动，每个人的内心都有一个改变世界的愿望，只不过我们常常将它隐藏。

我特别希望读者看完这本书后，收获的不只是演讲技巧或内容编排等方面的启发，还应有演讲之于我们的意义。也许我们不能站到TED 的舞台上，但我们一定能站在一个可以实现梦想的舞台上，哪怕面对的只有三五名观众，我们也依然能够感觉到生命的改变。希望大家在看完这本书后，能有一些分享，有更多对于演讲技术的提升、对演讲意义的再次思考。这是一本很棒的书，非常值得去阅读，也希望和大家在阅读之后做一些分享和交流。

在翻译这本书的过程中，我和我的合作伙伴安超得到了很多朋友和客户的支持，在此也特别感谢国际演讲会（Toastmasters International）程龙先生对本书的大力支持，以及好友张燕、孙玲莉、武静、傅亚莎、吕佳蔚、商宇和徐彦的帮助。

传播你值得传播的想法

理查德·圣约翰

著有《成功人士的 8 个特征》

大多数前言都是用来颂扬作者及其著作的，当然，杰瑞米和他的书值得如此，不过，杰瑞米觉得如果我和读者分享我第一次 TED 演讲背后的故事，读者会更有收获。我的热情所在正是帮助人们获得成功，所以我非常高兴地答应讲讲我的经历。

从 1994 年开始，我参加了 20 次 TED 大会。去看那些耀眼的演讲人，沉浸在值得传播的想法中，成了我一年一度的朝圣之旅。从严格意义上说，多年来，我一直是一个倾听者，我太害羞了，不敢和大人物说话。当时，几乎没有人知道 TED 的存在。当我说我要去看 TED 时，通常人们会问："TED 是谁？"

1998 年，在我去参加 TED 大会的飞机上，坐在我旁边的是一个十几岁的女孩。她来自一个贫穷的家庭，但她想在生活中有所成就，她问我："怎样才能成功？"尽管我已经取得了一定程度的成功，但我无法回答她的问题。我下了飞机，去了 TED，发现自己站在一个挤满了各界成功人士的房间里。然后我突然想到，为什么不问问他们为何成功，并找出成功的真正原因呢？

我很兴奋，想采访一些人。但随后，自我怀疑和害羞开始了——这些人为什么要和我说话？我不是什么著名的记者。我愣住了，满头大汗，胃里七上八下，无力地靠在墙上。在采访开始之前，我就已经准备好停止采访了。当时，本杰瑞冰激凌的联合创始人本·科恩正向我走来。我想要么现在就问，要么永远都不问，所以我跳到他面前脱口而出："本，我想做一个采访。虽然我甚至不知道该问你什么，但你能告诉我是什么帮助你获得成功的吗？"他说："当然，我们去喝杯咖啡吧。"

你可能会认为，小小的成功会消除恐惧。不可能。在最初的 300 次采访中，每当我走近一个人时，害羞、焦虑和紧张都会卷土重来。但这一切都是为了练习，采访 1000 次之后，我一点儿也不害羞了。如果奥普拉走过，我会直接冲到她面前。

当时，我花了 6 年时间研究成功，有很多有用的信息可以分享。但是怎么做呢？一想到要在观众面前讲话，我就浑身发抖。所以我参加了公共演讲课程。（事实上，是我妻子先报名参加的，我是有样学样，我通常都会这么做。）每周一晚上，我都会去上演讲课，强迫自己站在一小群人面前，然后发表两分钟的演讲。第一周我非常害怕，几乎无法开口。但经过 12 周的练习，恐惧和害羞消失了。

课程结束后，我仍然不是一个很好的演讲者，但我至少不会在演讲时发抖了。我觉得我已经准备好与人们分享我的发现了，尤其是年轻人，比如飞机上的女孩。我做了 PPT，并给一些高中生做了演讲，整个演讲时长约两个小时。然后，随着信心的增强，我强迫自己在一所高中的礼堂面对数百名学生演讲。

现在已经是 2004 年，下一届 TED 大会即将召开。我希望与这些年来接受我采访的所有 TED 人分享我的研究成果。我给 2002 年接管 TED 的克里斯·安德森发了一封电子邮件，写道："克里斯，我是来硅谷出差的。我能向你展示我对成功的研究成果吗？这可能是一次很好的 TED 演讲。"他非常友好地在伍德赛德的巴克餐厅与我共进早餐，我向他展示了我那两个小时的 PPT。(可怜的克里斯！)他的反馈还不错，但没有邀我去做 TED 演讲。

2005 年，克里斯发了一条消息，说除了通常的 18 分钟演讲外，他们还想尝试一些 3 分钟演讲，如果感兴趣，可以申请。我立刻回复道："克里斯，还记得我在餐厅给你做的两个小时的演示吗？我 3 分钟就能做完。"

"3 分钟？整整 180 秒？180 秒后你的麦克风就会被切断！"

"没错！一秒钟都不多！"

"好吧，祝你好运。"

发言时间从两个小时减少到 3 分钟，这让我压力很大。我花了几个星期的时间删减、修改，练习了几百次。180 秒的倒计时一直悬在我的头顶，随时准备在我某一句话没说完时终止我的演讲。然而，3 分钟这个敌人实际上也是一个朋友，因为它迫使我进入内容的核心，并且让自己清晰明了。

最后，我坐在 TED 会场的前排，等着上台。我环顾四周，看到了像比尔·盖茨这样的大人物和我非常钦佩的演说家们。我前面的演讲者是詹姆斯·沃森，诺贝尔奖获得者，DNA 结构的共同发现者。跟在他后边演讲令我压力巨大。我想，我到底在这里做什么？没有人想听我说话。我的焦虑加剧了，我的胃翻腾起来。我低头看了一眼手里的一张纸，上面潦草地写了三条提醒："（1）玩得高兴；（2）保持微笑；（3）理查德·费曼。"

为什么写上这位伟大的物理学家？因为在其《别逗了，费曼先生》一书中，费曼先生讲述了当他不得不在观众席上与阿尔伯特·爱因斯坦交谈时，他是如何让自己平静下来的。

我清楚地记得，当我从一个棕色信封里拿出笔记时，我看到自己的手在发抖。但后来奇迹发生了，当我开始思考物理，并且必须专注于我所解释的东西时，没有其他事情能够夺走我的注意力——我完全不会感到紧张。

当我坐在那里发抖时，我想起了这一点，然后走上 TED 的舞台。

我百分百地专注于我的演讲内容和我想要传达的东西，其他一切都被抛诸脑后。我的眼神与观众的眼神接触，但我的思路完全被我要说的话占据。我看着倒计时——哦，不！它已经在计时了。180秒的时间在流逝，我以最快的速度完成了演讲，没有停顿，没有停止，没有等待笑声平息，我按时完成了！这就是我第一次TED演讲背后的故事。

我想给你几点建议，在这本书中你将更加深刻地认识到这几点。首先，忘记做一个伟大的演说家。你只需要走出去，尽你最大的努力传播你的想法。说话并不能激励人们，但是内容可以。其次，不同的人有不同的风格。肯·罗宾逊有他的风格，我也有我的风格。要真实，用平时的方式交流。再次，坚持按讲稿发言。如果你花了几天、几周甚至几个月的时间来准备一篇演讲稿，那么不要把它扔掉，当场即兴创作。我看过许多演讲者的即兴创作，这总是他们演讲中最糟糕的部分。最后，练习！练习！练习！这是做好任何事情的关键，包括演讲。我采访过很多很棒的演讲人，他们没有一个是"天生"的演说家，他们只是比其他人练习得多。杰瑞米不想让我单纯地赞扬这本书，所以最后，我想说，当我收到这本书时，我一拿起它就开始标注重点，以帮助我更好地演讲。现在，我那本书已经有一半内容被画上线了！如果你有一个值得传播的想法，这本书就值得一读。

导读二

做一个无私的演讲者

西蒙·斯涅克

黄金圈法则开创者，著有《从"为什么"开始》

为了让我们的世界变得更好，伟大的思想需要传播。要想传播思想，这个想法本身就必须容易理解，当它很容易被理解时，它就会变得可行。我每天醒来都是为了激励人们去做那些激励他们的事情，我们传播想法的方式也应该能够激励他人加入我们或支持我们。原因很简单，与他人共同构建某种东西要比你单打独斗更有效、更有力。

当我演讲时，我从不谈论我不理解或不关心的事情。我不是来销售任何产品或服务的。如果我们不关心自己正在谈论的话题，那么我们可能应该干脆换一个话题。我们越关心自己的演讲主题，其他人也会越关心。在做演讲之前，问问自己："我为什么要做这个演讲？"

简单地说你有一些新东西是不够的，这对别人来说毫无吸引力。你要想清楚，是什么原因让你不得不把你的想法告诉别人？什么东西如此有价值，以至于你会冒着人们不同意甚至质问你的风险？是什么如此重要，以至于人们要花时间听你说话？

人们通常有一种相当"无私"的观点——"如果人们学会了这一点，那么他们的效率将大大提高"，或诸如此类的想法。然而，最好的 TED 演讲应建立在深刻的个人体会之上："我发现（做）了一些事，这些事极大地改变了我的生活。这些事的力量太大了，我必须把它们分享给大家！"看看播放量排名前 20 的演讲，无论演讲者是否谈论了个人经历，他们的演讲都充满了情感。这些演讲者要么亲历逆境，要么密切参与了他们分享的事情。例如苏珊·凯恩关于内向性格的演讲[①]（那是我最喜欢的一个演讲），你可以看看她是怎么做的。

我的演讲源于一些非常私人的东西，它来自我跌入谷底、对自己正在做的事情失去热情的时候，它来自我为找回激情所做的斗争中。我发现这个星球上最成功的人和组织总是在我们做什么、如何做以及为什么做这三个层面上发挥作用，问题是我只知道前两个答案：我知道自己做了什么，并且相信自己很擅长做这些，我可以解释自己与竞争对手的不同或优势，但我不知道为什么要这么做。我做演讲不是商业或学术活动，而是一种自我拯救的行为。我想明白了第三个问题——"为什么做"，这深刻地改变了我的生活。我把它分享给了我的朋友，因为当你发现美好的东西时，你会本能地这样做，你会把它分享给你

[①] 苏珊·凯恩的《内向性格的竞争力》一书已于 2023 年由中信出版集团出版。——编者注

爱的人。反过来，我的朋友邀请我和他们的朋友分享。人们不断邀请我分享、分享、分享，我也从未拒绝。尽管我没有在我的 TEDx 演讲中讲述这个故事，但我的演讲的确是从一些非常个人化的东西开始的。换句话说，我真的很在乎自己在说什么。

我认为人们需要知道自己的优势是什么，并坚持下去。我会努力去做那些我能够成功的事情，其中包括参加 TED 大会。几年来，我一直在拓展我的演讲，我已经对相关内容了如指掌。我一直沉浸在这个主题中，为我的书《从"为什么"开始》积累素材。我相信我对内容足够了解，甚至可以在没有准备的情况下发言。

当人们有机会做 TED 和 TEDx 演讲时，他们会给自己施加很大的压力。我明白为什么，我能充分意识到一次成功的演讲可以极大地促进一个人的职业发展。考虑到潜在的好处，太多人过于关注演讲细节，以至于有时会错过真正重要的信息。我总是提醒人们，我演讲的视频质量和音质都很差。如果这还不够糟糕的话，我还有更差劲的经历：有一次我演讲时，无线麦克风坏了，不得不让别人给我拿一个新的有线麦克风，所有这些都被摄像机拍到了。如果你的内容清晰易懂，那么人们就会忽视制作质量。如果你因为放错幻灯片或视频而惊慌失措，观众也会分心。要想做一场成功的演讲，你必须把自己视为一个想法的导游，而不是一场演出的舞台经理。做到这一点的最好方法是，再次关注你和观众为什么会在那里。这与你本人无关，而与你要分享的信息有关。

我学到的最重要的一件事就是以什么样的姿态出现——你的出现应该是为了给予。每次我发言时，无论听众是谁，我都不想从任何人那里得到任何东西。我不想管别人的事，我不想得到他们的批准，我不希望他们在推特或脸书上关注我，我不想让他们买书——我什么都不想要。我的出现是为了给予，是为了分享我的想法、观点。我不会有任何保留，会回答大家的每一个问题，我也不会为了让大家访问什么网站或买什么课程而故意跳过一些内容，那些都代表演讲者抱有一种索取的心态。是否意在给予决定了你是一个才华横溢、真诚的演讲者，还是一个言之无物、不真诚的演讲者。

演讲者可能会排练和润色，但如果他／她的出现是为了从观众那里得到一些东西，演讲往往会失败。我认为 TED 现在的一个问题是，人们将其视为提高知名度、售书或获得更多客户的入场券。然而，如果你的出现是为了索取，那将破坏你所做的任何演说。从根本上说，它会影响你展示自己的方式，因为如此一来，演讲的重心就成了你自身，而不是你要分享的信息或者你的听众。人类是高度协调的社会动物，我们总能分辨出什么时候有人想从我们这里得到什么，什么时候有人为我们真诚地付出什么，而不期望得到任何回报。无论在舞台上还是舞台下，无论观众是多还是少，我都认为观众是我关心的人，是我想与之共度时光的人。同样，我也很感激他们花时间倾听。我有一句口头禅，几乎每次上台前我都会大声对自己说："你是来奉献的。你是来分享的。"我几乎每次都会提醒自己为什么会在那里。当你这样做的时候，你将得到更大的回报。

例如，我了解到：当你向观众提供一个值得传播的想法时，他们会以兴奋和欣慰的态度做出回应；当你给他们一些强有力的东西时，他们通常在演讲结束后仍会思考。他们会持续为你鼓掌，甚至可能在你离开舞台后继续鼓掌。这是我得到的最大奖励之一：看到、听到和感受我所产生的影响。

在你做 TED 或 TEDx 演讲的那天，如果观众起立鼓掌或长时间鼓掌，那么坐在桌前上网看你演讲的人大概率也会同样热烈地接收到你传递的信息。

经常有人问我，我到底做了什么（如果有的话）才让我的视频在网上疯传。杰瑞米在这本书中谈到了这一点，但我想再补充一句，病毒式传播意味着：这是一场意外。没有人能计划让某些东西在网上疯传，即使人们这样做了，即使他们成功了，我也可以保证这不是因为他们自认为的原因。毕竟，如果事情真的像他们所想的那样，他们完全可以一遍又一遍地复制这些案例，但他们做不到。当有些公司声称他们可以提供有助于我的视频病毒式传播的服务时，我只会一笑而过。我们可以努力创造传播的条件，但无法保证结果如你所愿。我遇到许多演讲者，他们妄想通过精心策划的营销计划让自己的演讲走红网络，然而，没有哪个成功了。如果走红就是你的目标，那么你的出现就不是为了给予，而是典型的索取。只有那些只想给予、不在意回报的演讲人，才可能让自己的想法病毒式传播。

我关于"为什么"的TEDx演讲之所以走红，有两个主要原因。首先就是运气。别忘了，2009年9月我发表TEDx演讲时，TEDx系列还是相对较新的。由于网上的相关视频太少了，我的演讲被看到的概率当然比今天要高。没错，首先就是因为运气和时机。

　　另一个原因是，我什么都没做。我没有营销计划，我没有公关人员，没有一家海外公司在社交网络上帮我点击"喜欢，喜欢，喜欢"。如果说有奇迹的话，那就是我的信息从根本上引起了观众的共鸣。我的出现是为了分享一些对我个人来说意义重大的事情、我非常关心的事情。即使没有TED，没有公开演讲，我仍然会和我的朋友热情分享一些东西，因此，人们可以相信我讲的这些事。那些相信我的想法的人，就像我会和朋友们分享一样，他们也和自己的朋友分享了这些想法。正是因为如此，思想才得以广泛传播。当别人主动分享时，传播就发生了。我问观众："你们中有多少人看过我的TED演讲？"如果有很多人举手，我会问："你们当中有多少人是因为别人的推荐而看的？"这个比例通常在75%左右。无论是我，还是任何社交媒体营销计划，都不是视频传播的原因，关键因素是所有选择分享它的了不起的人。

　　当人们认为你分享的信息有趣、强大、有价值，以至于他们决定把它发给他们爱的人时，你就成了其他人帮助自己朋友、同事或所爱之人的"工具"。我们会把美好的东西送给我们爱的人，如果我们看了一部感人的电影，读了一本令人动容的书，或者听到了一段触动内心的讲话，我们同样会与我们想触动的人分享，于是你的想法就这样传播开来。

我已经多次重复我的核心建议了，但我还想再说一次，如果你一心从观众身上得到什么，别人就没有理由分享你的信息，因为你传达任何信息都出于自私的目的。他们甚至可能同样自私地利用它——"这想法不错，我不能让别人知道。"然而，如果你慷慨地给予，其他人也会以同样的方式使用你的信息。这就是我的理念在网上疯传的根本原因——观众慷慨、友善，他们愿意与关心的人分享我的话。

我要告诉你的是：仅靠想法并不能让我们的世界变得更好，而是靠人。激励人们行动的想法只会启动这个过程。当我们以激励他人采取行动的方式分享激励我们的想法时，其他人就会开始主动构建那个理想的世界。这就是与所有愿意倾听的人分享你的想法的最佳理由。

引　言

一个 TED 演讲痴迷者的自白

　　一直以来我都是一个安静而且内向的孩子，整日沉浸在自己的世界里，不爱说话。但当我长大成人，成为一名半导体技术分析师后，我再也不能像以前一样保持沉默了。

　　一次偶然的机会，我成为国际演讲会的会员。我至今仍记得自己在国际演讲会第一次演讲时的情景——我一直在冒汗，发抖，还极力控制着自己的膀胱，两只手不知道该放在哪里，该做些什么，嘴里不断重复着"嗯……""嗯……"，然后还是"嗯……"。尽管如此，观众还是给了我很多掌声。

　　之后，在国际演讲会导师的指导下，我付出了 10 年将近 10 000 小时的努力，终于达到马尔科姆·格拉德威尔所说的"异类"（Outlier）的初级水平。虽然还未完全摆脱恐慌（也不可能彻底摆脱），但我已经学会将我的能量转换为热情表达出来。经过长期练习，我终于可以情绪高昂、充满能量地演讲了。

回顾以往，我必须承认，在最初的 10 年里我一直非常自私。我思考最多的是如何成为更好的演讲者，以实现我个人和职业上的规划。一直以来，像大多数演讲者一样，我将知识深藏起来，从不与别人分享。但某一天，我突然顿悟了。

我发现帮助别的演讲者传达他们的思想，要比只注重自我提升更有成就感。我很想说，虽然这一顿悟发生在一瞬间，但它实际上是一个日积月累的过程。我开始在观看每一段演讲的时候做笔记，并将这些笔记整理成反馈建议，然后小心地交给演讲者。这些反馈包括我的正面观察以及富有建设性的意见。虽然这种未经允许就主动提供建议的方式冒犯了一些人，但依然有很多朋友非常乐于听取我的建议。我给自己定位为公开演讲的狂热爱好者。

当你释放热情的时候，机遇也会随之而来。在坚持了 6 年的无私分享之后，有一天，我与好友尼拉夫·沙一起共进晚餐。尼拉夫就像是我的兄弟，我们差不多在同一时间分别娶了大学时代的恋人并且各自有了两个小孩。我们同样在升到管理层后离开了半导体工程这个领域。我们同样是商业文章的忠实粉丝。当他问我"你听说过TED吗",我以为他说的是最近某一本畅销书的作者,于是问道:"TED是谁?"

那晚回到家以后,我收到一封尼拉夫发来的电子邮件,里面是肯·罗宾逊爵士的TED演讲视频。我看了一遍又一遍,被深深地吸引了。TED演讲不仅有趣,而且鼓舞人心。不仅如此,它还包含了大量理念,这些理念不仅值得传播,还能直接应用。

扫码直达
罗宾逊的演讲[①]

你可能还没有看过TED演讲视频。TED是一个非营利性组织,致力于传播那些激动人心的想法,题目范围设定为科技(Technology)、娱乐(Entertainment)和设计(Design)领域,因此得名TED。TED做出过各式各样的冒险之举,其中两个最为人称道:精英化的TED大会和将演讲视频全部放到网络上免费供人下载。

如果你是TED的狂热粉丝,也许还隐约记得第一次观看TED视频的情景——18分钟纯粹的灵感激发。TED的使命是分享并推广有价值、有意义的

---

① 本书二维码导向的视频内容来源于网络公开资源。

创意灵感，而这些灵感的使者从没有让人失望过。尽管这些人并非家喻户晓，但肯·罗宾逊爵士、吉尔·泰勒，以及其他上千位演讲者用他们极具影响力的内容、生动活泼的表达方式以及巧妙的设计让观众如痴如醉。

听 TED 演讲是会让人上瘾的，它不单影响你，还会影响你所爱的人。在我 12 岁的女儿也开始逐字逐句背诵肯·罗宾逊的演讲内容时，我意识到了这一点。还有一次，她在我的笔记本电脑上看到吉尔·泰勒演讲的静止画面，问道："爸爸，她就是那位讲述自己中风经历的女士，对吧？"我很高兴我已经把这种"瘾"传递给了下一代。因为随着互联网和信息时代的发展，我们的下一代似乎不再善于用语言去表达他们的感受和想法了。只有那些知道在现实生活中如何更好表达自己的人，才能在这个越来越拥挤和喧闹的世界被听到，并有所建树。

扫码直达泰勒的演讲

由于我一直以来从事的是分析工作，所以很自然地想要开发一种提取 TED 演讲精髓并获得最大价值的方法，无论是作为一个普通观众，还是作为一个狂热的演讲爱好者。所以，虽然一个 TED 演讲的最长时间只有 18 分钟，但我每次观看一个 TED 演

TED 演讲的秘密

讲的时间都超过 1 小时，因为几乎每一个 TED 演讲我都要反复琢磨，至少看 3 遍。

第一遍观看 TED 演讲的时候，我的目的是捕捉演讲内容的精髓，并记录演讲者是如何构思并表达出来的。大部分演讲者都是在开头或者结尾的时候，明确提出他们想要传递的核心理念。还有一部分人将理念藏在内容中，让观众自己品味顿悟的喜悦。除此之外，我还一直努力钻研如何设计好开场白，如何构思并罗列出清晰的内容，如何在结尾有效地总结并升华。"开场介绍，三段论内容以及一个结尾"，这样的结构是最常用的。当然，也有些演讲者会跳出这样的常见结构。如果看到有人有意跳出这种常见结构，分析其背后的原因也是一件非常有意义的事情。通过这种初步观察，我了解到演讲者是如何构建其观点和论据的。因为有很多论据都是以故事的形式展开的，所以我还提炼出了故事的核心三要素，即情节、人物和背景。

第二遍观看 TED 演讲的时候，我会将范围缩小到两个特定的要素上。第一个要素是语言，因为语言中包含幽默元素，这也是 TED 演讲如病毒一样迅速传播的最基本原因，所以我创建了一个电脑程序，只要点击就可以记录人们每一次的笑点。如果可以找到演讲者的演讲稿，我会数一数演讲者在演讲中使用代词"你""我""我们"的频率以及演讲者提问的次数，以了解演讲者的语调。最后，我还会记录那些强化演讲者信息的有趣措辞。

我仔细观察的第二个要素是表达方式，不论是语言上的还是肢体上的。闭上眼睛仔细聆听时，我会专注于演讲者对于语音、语速和语调的运用，包括停顿带来的不同效果。睁开眼睛时，我会仔细观察演讲者如何运用表情和肢体动作与观众进行互动。

第三遍观看 TED 演讲的时候，我主要关注各种设计元素的运用，包括对于幻灯片、视频以及道具的运用。我用记录笑声的那个程序来记录幻灯片的数量。我试着从理性和感性的角度去理解和体会演讲者向观众展示的各种图片、文字和动画。尽管视频短片在 TED 演讲中相当罕见，但那些使用了视频的演讲者在挑选、编辑和呈现视频方面都有很好的实践。道具的使用也比较罕见，也同样有成功和失败的案例。

本书接下来的部分给大家提供了一份如何进行一场鼓舞人心的演讲的指南，这份指南是在对最受欢迎的 TED 演讲进行深入研究的基础上提出的。有一条关于本书的书评是这么写的："如果你只是想看看 TED 最受欢迎的十大演讲，然后再看看其他不那么受欢迎的演讲，看看它们之间有什么区别的话，那么你实在没有必要买这本书。"说得太好了！我的写作目的其实就是揭秘优秀公众演讲的诀窍，进而帮你省下学习公开演讲所需的 20 年时间，以及观看和解构数百个或伟大、或平庸的 TED 演讲所需要的无数小时。

　　你也许永远没有机会登上 TED 的舞台，但你依然需要用激励他人的方式去传递自己的想法。这一点是毫无疑问的，无论你是面对 1 个人，10 个人，100 个人，还是 1 000 个人。而且，TED 演讲的理论和技巧同样适用于商务演讲和会议。没有人会认为，令同事打瞌睡的讲话能够让自己获得职业晋升。我们学会的 TED 演讲技巧可以运用到任何一个公共演讲场合，无论是在学校，还是参加会议，甚至是婚礼和其他特殊场合。

　　这个世界上有太多纸上谈兵的运动员、旅行者和评论家，而这个世界最不缺的就是只想不做的演说家。阅读关于演讲的书籍当然有助于你的成长，而且也会给你更大的信心。但是，要真正成为一个"好"的演讲者（先别提"伟大"），唯一的方法就是像那个段子里说的一样："你为什么能站在卡内基音乐厅的舞台上？答案是练习！练习！持之以恒地练习！"同样的道理，你在阅读这本书的同时，需要在一对一的对话中练习，在各种会议中实践，甚至要去参加当地的国际演讲会。如果一切如你所愿地发展，你也许会发现自己已经站在了 TED 的舞台上。如果真的是这样，我一定是观众中欢呼声最大的那个，我也很期待从你的视频里学习新的知识，分享你的魔法。

第一部分

演讲内容
打动人心的秘密

- · 确定主题
- · 构思讲稿
- · 编排故事
- · 把握关键

1

确定主题

明确你要传播的观点
和你的角色定位

你一定有值得分享的观点

看了 TED 演讲后，大部分人都会有两种情绪涌上心头。一个好像你右肩膀上的天使，轻声细语地告诉你："你可以做任何事，可以成为任何人。去吧，去改变这个世界。"你会感到兴奋无比，因为 TED 带来的新知识将会改变你和朋友们的生活。而另一个犹如你左肩膀上的小恶魔，他发出怀疑的尖叫："你永远不可能做出一个那样精彩的演讲！你甚至连想法都没有，更别提一个很棒的想法了。10 年来你只在一件事上花了 10 000 个小时，那就是看电视。你没有一个让人羡慕的工作，你身上也没有任何让人觉得'惊叹'的东西。"

要想做一个像 TED 这样杰出的演讲，你第一步要做的就是告诉

扫码直达罗伊的演讲

扫码直达盖茨的演讲

左肩膀上的小恶魔，让他从哪里来回哪里去，因为他大错特错了！你知道吗，世界上有成百上千个比尔·盖茨这样的商业活动家，他们即使没有资金超过300亿美元的基金会的支持，也能到处宣扬自己所热衷的事业。著名反贫困活动家邦克·罗伊在TED做了一个《从赤脚运动中学习》的演讲，播放量几乎是比尔·盖茨演讲视频的3倍。相信我，如果现在你已经掌握了一个把生活——包括你自己的生活——变得更加美好的方法，那么你就有了一个非常值得传播的观点。

决定你的演讲角色定位

你也许会说："可是，我并不是一个活动家。"请记住，TED的演讲者来自各行各业。虽然TED在1984年成立之初重点招揽科技、娱乐和设计领域的人才，但主办方有意识地扩大了它的领域。通过对TED演讲进行抽样分析，我确定了至少15种常见角色，这些角色又可以分成三类在舞台上绽放光芒。

这15种角色当然不是水火不容、泾渭分明的。你可能觉得自己的角色像他们中的某几个，也可能一个都不像。每一天，每一刻，每一个人都在改变自己的标签。关键是一次选定一个角色将有助于你聚焦演讲内容，一定的约束反而能够帮你打开创造力，利用这个方法你可以轻松确定想要传播的观点。此外，无论你的主要目标是教育、娱乐、激励中的哪一个，请确保在演讲中适当地通过丰富的信息、风趣的语言及激情的表达来涵盖其他两个目标。

◎ **类别 1：教育者**

虽然每一个精彩的 TED 演讲都是教育、娱乐和激励的混合物，但在这个分类里，演讲者倾向于将更多的关注点放在教育上。我给"教育者"下了一个较为广泛的定义，除了教育学专家外，还包括那些寻求了解自然本性、人类本性及人类创造的一切美好事物的演讲者。尽管不是一个硬性要求，但这些演讲者在科学和工程方面都有着很好的学术背景。在这个分类下面有 4 个具体的角色。

发明家。发明家是"酷"的提供者。他们的新技术可以帮助人类节省能量，娱乐放松，甚至是实现梦想。例如普拉纳夫·米斯特里的《第六感技术的惊异潜力》和塞巴斯蒂安·斯伦的《来自谷歌的无人驾驶汽车》。有很多 TED 演讲是介绍改善用户体验的发明。从发明家 TED 演讲的排名中，我们会发现人类的集体憧憬是什么。一个有趣的发现是，TED 中有大量关于飞翔的演讲，包括让机器人飞、让动物飞，甚至是让人类背着喷气背包飞。对飞翔的渴望不是一时的流行，而是人类发自心底的强烈愿望。

扫码直达斯伦的演讲

生命科学家。生命科学家为我们展示了生命有机体、生物进程和生物间关系的神奇世界。正如人们所预料的，最受欢迎的生命科学家的 TED 演讲，往往聚焦在如何帮助大众了解他们的大脑，保持健康和延长寿命。这表明了人们对生存的本能渴望，进而带来了很多演讲，其中有三个特别棒的演讲是：吉尔·泰勒的《吉尔·伯特·泰勒的奇迹》、汉斯·罗斯林的《用好方法诠释数字统计》、奥布里·德格雷的《我们能够避免老化》。

扫码直达
德格雷的演讲

自然科学家。自然科学家能够帮助人们更好地理解自己生存的环境和物理世界的规律——包含天文学、生物学、化学和物理学。通过演讲者的描述和图片介绍，你可以从了解亚原子粒子（布莱恩·格林的演讲）开始，到深海中的生命（戴维·加洛的

扫码直达格林的演讲

演讲），再到广袤的宇宙（史蒂芬·霍金的演讲）。

社会学家。社会学家是指从个人或集体角度出发，对人性经验进行研究和提出深刻见解的人。你可以在 TED 上找到两个非常流行的演讲，肯·罗宾逊爵士的《学校扼杀创造力》和布琳·布朗的《脆弱的力量》。很多这一类型的演讲帮助我们懂得了什么是爱，什么是同情心和羞耻心，比如杰出的演讲者布朗博士，她教会了我们如何把负能量转化成正能量。社会学家的研究成果经常被下一类演讲者引用，他们是我们的人生导师。

扫码直达加洛的演讲

扫码直达霍金的演讲

◎ **类别 2：娱乐者**

娱乐者最主要的风格就是娱乐。这一类演讲者会与我们分享他们才艺的秘密。

喜剧演员。尽管 TED 官方很早就关注了娱乐行业，但喜剧演员的演讲却非常少，杰瑞·宋飞、克里斯·洛克这样的演艺巨星都未能登台。萨拉·丝沃曼是一位非常流行但也相当极端的脱口秀喜剧演员。2010 年，她在 TED 做了一段相当露骨的演讲，以至于主办方拒绝在 YouTube 和官网上发布。丝沃曼女士认为："我的演讲不能在官方渠道发布，

扫码直达布朗的演讲

扫码直达
弗兰克的演讲

扫码直达瓦茨的演讲

扫码直达巴利的演讲

是因为 TED 的创立者克里斯·安德森觉得'相当可怕'。"为什么能登台的喜剧演员这么少？因为最好的喜剧应当是纯娱乐性的。专业的喜剧演员每分钟必须讲出 4~6 个让人捧腹大笑的段子。为了达到每 10 秒钟刺激一下观众的目标，他们不得不经常掉转方向，这样就很难打造出一个值得传播的观点。然而，仍有一小部分高水平的喜剧演员实现了传递一个观点的目的，比如查理·陶德、泽恩·弗兰克、雷吉·瓦茨和马兹·乔布拉尼。

魔术师。TED 的观众非常喜欢看表演者们揭秘表演手法。但如果是喜剧演员，自己揭秘"包袱"在哪儿会让笑料变得索然无味，幽默也就不存在了。同样，魔术师揭秘手法会违背职业道德。魔术界是非常反对向非圈内人士揭秘的，这是魔术界的基本准则。因此，在种种要求和限制下，很难在 TED 的舞台上去谈论一个传统的魔术节目。仅有的与魔术有关的演讲包括：阿瑟·本杰明的《数学魔术》，基斯·巴利的《大脑魔术表演》，马可·坦布斯特的《魔法的故事》。此外，我将詹姆斯·兰迪的《激烈抨击心理骗局》也归入这一类，虽然这段演讲从严格意义上来说并不算是一个魔术师的演讲。

作家。这个角色包含了小说和诗歌的创作者。在 TED，你可以看到伊丽莎白·吉尔伯特、奇玛曼达·阿迪契，还有伊莎贝尔·阿连德，她们不仅谈论自己的作品，还分享了很多作为作家的体会和领悟。在这个分类里面，我最喜欢的是卡伦·沃克的演讲，她通过一个历史故事引导人们去想象，告诉我们能从恐惧中学到什么。

表演艺术家。这一类角色包含了舞蹈家、音乐家、歌唱家，以及舞台和屏幕上的演员和导演。虽然有很多传统表演是纯娱乐性的，但最好的演讲将这一类表演与洞见结合到了一起。例如，音乐家本杰明·赞德阐释了为什么肖邦的《E 小调前奏曲》中 C 音符的作用就是让 B 音符听上去伤悲。尽管你根本不需要知道为什么音乐能够影响你的情绪，但在这个演讲中，你至少找到了其中的一个原因。

视觉艺术家。视觉艺术家们在 TED 演讲中几乎使用了所有可以利用的媒介。坎迪·张让一栋废弃的房屋焕发了新的生命。埃里克·约翰森分享了他那不可思议的摄影照片。你可以在很多演讲中找到艺术和技术的结晶，包括博·洛托的《错觉中的视觉真相》。

扫码直达
坦布斯特的演讲

扫码直达兰迪的演讲

扫码直达
吉尔伯特的演讲

扫码直达
阿连德的演讲

扫码直达赞德的演讲

扫码直达
约翰森的演讲

扫码直达洛托的演讲

扫码直达
葛兰汀的演讲

扫码直达
范乌姆的演讲

◎ 类别 3：变革推动者

谈论完技术和娱乐后，你可能会想到我们接下来要讨论 TED 的设计部分。然而，设计更像是各类演讲者都会采用的一种哲学，而不是一个严格的类别。如果说科技人员负责教育，艺术家负责娱乐，那么我们就需要第三类人群，他们的主要任务就是扮演激励他人的角色。我称第三类人群为"变革推动者"，如果你在前面的两个分类里没有找到适合自己的，那么可以尝试从以下角色中选取一个，来分享你的观点。

活动家。TED 的演讲者几乎都是某领域的活动家。这类人通过引导公众关注当下不公正的现象，从而推动社会、政治和环境的变革。有三位杰出演讲者属于这一角色，他们是邦克·罗伊、杰米·奥利弗，以及天宝·葛兰汀。

权威专家。权威专家这类角色适用范围比较广泛。这类演讲者主要分享他们在那些有意思且有时让人羡慕的工作中得到的顿悟。这一类演讲者中最流行的有：罗里·桑泽兰德的《广告人谈人生启示》，卡梅伦·罗素的《外表不是全部》，彼得·范乌姆的《我为什么拿起枪》。桑泽兰德先生是一家市场营销公司的高管，他分享了一个违背人们直觉的观点：运用心理广告战术来行善而不是作恶。要知道，大部分人都认为广告就是欺骗人的把戏。罗素女士和范乌姆先生用同样的方式来颠覆人们对于模特和军事指挥官的传统观点，比如如何做一个时尚的模特，或者如何成为一个受人尊敬的军事指挥官。

商界导师。商界导师指的是那些商业畅销书作者和商界权威。他们创造和传播各种新颖的社会科学观点，帮助大家在工作中获得成功。除了谢丽尔·桑德伯格，这个领域几乎被男性所主导，杰出人士有西蒙·斯涅克、丹尼尔·平克和赛斯·高汀。

扫码直达
桑德伯格的演讲

探索者。权威专家分享的是他们在日常工作中的顿悟，探索者分享的则是他们从个人生活经验中得到的观察和感悟。比如，他们会分享飞机坠毁（里克·伊莱亚斯）或遭遇暴力抢劫（艾德·盖瓦刚）时，面临死亡那一刻的感受。此外，分享那些别人一直梦想去做却没有实施的故事也同样有效。比如马特·卡茨的《用 30 天尝试新事物》就是一个很好的演讲。普通人乔·史密斯也通过他的《怎样用纸巾擦手》向大众证明了，即使是平凡的东西也能变成值得传播的观点。

扫码直达
盖瓦刚的演讲

扫码直达
古特曼的演讲

扫码直达
麦戈尼格尔的演讲

扫码直达
普里查德的演讲

个人导师。这类角色的名字通常出现在书店的自我提升区域图书类别里，而商界导师则出现在职业发展区域。在自我提升区域，你可以看到关于爱、性、幸福和宗教方面的内容。这里有很多经受住了时间考验的个人导师，比如托尼·罗宾斯、马尔科姆·格拉德威尔和玛丽·罗切。当然，这里也有很多优秀的新人，比如内向者的领袖苏珊·凯恩和个人健康顾问罗恩·古特曼。大多数个人导师与商界导师一样，也是作家。

社会创业者。社会创业者和活动家有着细微的区别，尽管有一部分演讲者同时属于这两类。他们之间主要的不同是：社会创业者会将他们对社会的变革通过商业的方式实践出来。这一类主要包括免费在线教育的贡献者萨尔曼·可汗、视频游戏设计者简·麦戈尼格尔，以及发明了生命救助瓶来帮助灾民和贫困地区人民喝上纯净水的迈克尔·普里查德。

提出一个行动导向的问题

TED 演讲中除了娱乐性以外，最重要的任务就是号召观众付诸行动，让世界和生活越来越好。广受欢迎的 TED 演讲者通常都号召人们采取看似不起眼的行动以获取巨大的个人或社会效益。人类在改变的过程中总是容易受阻，因此这些小行动必须是能够快速做到、消耗较少且容易实现的。我最欣赏的一个演讲就是乔·史密斯 2012 年在 TEDx 上做的一次分享，内容如下：

我们如果能够每人每天少用一张纸巾，就可以节约 259 160 吨纸巾。

虽然这个世界上没有一个最佳途径来表述你那个值得传播的观点，但我可以介绍一个在准备阶段思考这些观点的绝佳方法。我强烈推荐使用"去做（行动），以至于（怎样）"的方式来构思。让我们看看这个模式引发出了哪些有价值的观点，以及演讲者是如何回答的。你也可以尝试使用这样的方法。

扫码直达
史密斯的演讲

发明家。麻省理工学院媒体艺术与技术实验室的奇才普拉纳夫·米斯特里问自己："我应当如何加快技术方面的发展和应用，并在技术发展的同时缩小数字化鸿沟，保持我们与物理世界的连接？"他用

一个值得传播的观点回答了这个问题："推动可以让人们用自然的手势与之互动的技术发展，我们就不至于像一台机器坐在另一台机器面前。"

生命科学家。神经科学家吉尔·泰勒问自己："我该如何做，才能将个人经历和科学知识结合在一起，告诉人们对待彼此应当富有同情心？"她用这样一个观点回答了这个问题："用以集体意识为主的右脑去思考，而不是用以自我为主的左脑思考，这样我们才会拥有一个更加和平的世界。"

自然科学家。真菌学家保罗·斯坦梅斯问自己："我该如何提醒人们去注意一个尚未引起关注，却在不断增长、影响所有物种生存的威胁？"他用以下观点回答了这个问题："去保护原始森林里蘑菇的多样性吧，这样我们才可以更好地预防地球生物的大灭绝。"

社会科学家。肯·罗宾逊爵士问自己："教育系统里什么样的小改变可以帮助我们释放长期被压抑的创造潜能呢？"他的观点是："在教育下一代时注重左右脑的共同开发，这样他们才可以拥有一个更美好的未来。"

现在我们来分析一下娱乐者。

喜剧演员。即兴表演团体 Improv Everywhere 创始人查理·陶德这样问自己："我如何才能帮助成年人再次获得童年时期那种无所顾忌的欢乐和幸福感？"他用以下观点回答了这个问题："请接受在游戏时没有对错的观点，这样我们才会获得更多的快乐。"

魔术师。阿瑟·本杰明问自己："我如何才能让别人相信，正常的大脑也可以完成不可能的任务？"他的观点是："利用一些捷径可以让复杂的问题简单化。"如果你听他的演讲，可能很难捕捉到这个观点，因为他从来没有清晰地表述出来。但是他利用了一个小技巧来说明这一观点：通过三个简单的加法来计算平方值。比如，68 的平方是多少？ 一般人会去想，就是 68 乘以 68 呗。但你也可以这么算：$60 \times 60 = 3\,600$，$8 \times 8 = 64$，$60 \times 8 \times 2 = 960$，相加之和为 $4\,624$，即为正确答案。也许这也不容易，但相对来说确实简单多了。

扫码直达
本杰明的演讲

作家。小说家奇玛曼达·阿迪契问自己："我该如何阻止人们像我一样错误地认识自我和错误地理解他人呢？"她的观点是："就像拒绝不完整的小说一样拒绝刻板的观念，这样我们才可以拥抱更多的

扫码直达
阿迪契的演讲

朋友。"

表演艺术家。指挥家本杰明·赞德问自己："我该如何激发人们对那些被低估的艺术形式的热情？"他的答案是："去尝试一下古典音乐，这样你才可以更好地唤起内心深处的情感。"

视觉艺术家。城市艺术家坎迪·张这样问自己："我如何才能帮助人们进行情感的抒发？"她的观点回答了这个问题："把废弃的公共场所当作匿名的信息板，这样人们才会表达他们内心最深处的秘密和梦想。"

扫码直达张的演讲

最后是变革推动者的问题和答案。

活动家。印度社会活动家邦克·罗伊问自己："我该如何激励那些被剥夺公民权利的人获得力量？"他的观点回答了这个问题："给农村的妇女学习知识的动力，从而提高她们所在社区的生活水平。"

权威专家。广告公司总监罗里·桑泽兰德问自己："我该如何改变人们对我的行业的传统认知？"他的观点是："鼓励人们接受无形价值，这样才能增加我们感知到的财富，从而节约有限的资源。"

商界导师。作家兼思想家西蒙·斯涅克问自己："个人和公司最快获得成功的方法是什么？"他的观点回答了这个问题："鼓励领导者们从问'为什么'开始，这样他们才能够激励他人。"

探索者。虽然马特·卡茨是谷歌的算法工程师，但他在 TED 的分享并没有谈论与自己工作相关的内容。他讲述的内容是普通人如何不断尝试以提高自己的生活质量。他问自己："在我不断学习提高的过程中，我可以分享哪一个观点来激励和帮助他人提高生活质量？"他的答案是："要养成一个新习惯（或者说改掉坏习惯），至少要坚持 30 天，这样你就可以实现持续的、积极的变化。"

扫码直达卡茨的演讲

个人导师。心灵提升作家苏珊·凯恩问自己："我该如何帮助人们去接受自己或者他人心中那个真正的自己？"她的观点回答了这个问题："个性内向的人和个性外向的人一样为世界创造价值，只是他们用了不一样的方式，个性内向的人没有必要去改变上天赋予他们的创造力和能量。"

扫码直达凯恩的演讲

社会创业者。从对冲基金公司离职的分析师萨尔曼·可汗转行去做在线教育，他问自己："我该如何帮助我远在 2 500 公里外的小侄子更好地在学校学习？"从一件小事情开始，他逐渐形成一个有价值的观点："建造一个在线的面向全球开放的课堂，可

扫码直达可汗的演讲

以帮助每个人提高他们的数学和科学能力。"

选择话题时要进行深层次的以结果为导向的反思。我上文列出来的问题是否也能够激发你的灵感？如果不行，你也可以试着通过自我挖掘来总结："我学到的最好的一课是什么？""我经历过的最大的快乐是什么？""我经历过的最大的痛苦是什么？""我这一生的使命是什么，我如何号召大家跟着我一起做？"

如果这些也不行，你可以继续问："我能讲的最让人感到惊奇的故事是什么？"故事不仅是 TED 演讲的中心，也是观点最有力的证明。因此，如果你用一个故事来引入你的话题，别忘了确保你的寓意也是清晰的。

专注于传播一个观点

每当有观众离开会场或跳转到另一个网站时，你应该传递一个想法，唤醒这个人的潜意识以形成一种新的思维模式，或是说服他采取行动。这样你才能达到目的，为每一缕灵感播下种子。

多数情况下，选择演讲主题的最佳方法是选择你希望传达的单一且唯一的信息，然后在你的脑海里搜寻精彩的经历，为这一信息的逻辑论证增加感情深度。如果不幸思维卡壳，就尝试一下其他方式，没有人会知道你的思维过程！关键是，在采取下一步行动前，要对你的中心思想有一个透彻的理解——这一点无论怎样强调都不过分。**演讲**

者常犯的一个最大的错误就是试图通过一次演讲传达一生所学，其实，**专注于一个概念可以让你更清晰地编辑你的材料。**如果你有一个很棒的概念或者故事，却不能直接支撑你的主题思想，那无论你多么想用它，都应该放弃。

很多时候，演讲者在发表了一段包装精美、高度精练的言论后才得出结论。他们非常希望让观众了解更多，所以不断增加观点或者建议，而这通常以故事形式引出。但有时候，故事传达的却不是他们演讲的主题，而是另一个观点。这种思路混杂的情况反而大大降低了演讲的整体影响力。

有很多 TED 演讲并没有发布在 ted.com 网站上，大多是因为演讲者在演讲的过程中不够集中，没能够播下那颗独一无二的种子。

与观众建立情感联系

在播放次数最多的 10 个 TED 演讲中，有 7 个都致力于激励人们更好地改造自我和提升自我价值。这 7 个演讲者演讲的观点并不新鲜，都是大家熟知的一些概念，包括精神疾病、创新、领导力、幸福、激励、成功和自尊。

其他 3 个播放次数最多的 TED 演讲则是在探讨促进人际交往和社会变化的话题。他们号召我们对公众健康、公共教育的多样性和差异性采取行动，或是改变自己以前的看法。这些演讲者并不是第一个针对这些课题发表演讲的人，也不会是最后一个，但他们从自身的角度去审视和思考这些问题，并且以此感动了我们。是他们让我们明白了为何这些事情很重要，我们怎样才能改变现状。

在你思考如何通过建立情感联系来激励观众的时候，一定要谨记：在满足了生理健康和人身安全的需求后，人们还有 4 个基本需求。

第一个基本需求就是爱和归属感。2011 年年中，格尔达·格里姆肖在领英网站的 TED 讨论组发起了一个话题："什么能令你幸福？"格尔达是"Call Mom"公益项目的创始人，该项目免费为单身妈妈和她们的孩子提供咨询推介服务，为他们联系自给自足所需要的生活资源以及让孩子可以健康成长的教育资源。在超过 100 个被帮助的家庭中，有 92 个愿意与别人分享他们幸福的源泉。虽然我的方法不能说非常科学，但为了更深入地理解这些幸福背后的秘密，我仍然对所有答案进行了分类。你可以从如下内容中看到，与他人交往中感受到的爱和归属感占据了主要地位：

- 与家庭成员、朋友、宠物之间的互动（30.4%）
- 体验大自然（12%）

- 慈善机构和志愿者服务（10.9%）

- 完成工作的满足感（9.8%）

- 通过培训、指导和写作来激励他人（7.6%）

- 反思和学习（7.6%）

- 正念和"活在当下"（6.5%）

- 身体健康——尤其是在近期生病或患有慢性疾病的人群中（5.4%）

- 生理的愉悦和锻炼（5.4%）

- 自我表现（2.2%）

- 良好的财务状况（2.2%）

第二个根深蒂固的基本需求是欲望和私心。在上述清单中，生理的愉悦和锻炼、良好的财务状况都被划为欲望和私心这一组。老实说，这些需求出现在普通人的清单中的比例会相对高一些，但在领英网站上一些崇尚道德且不匿名的讨论组中则比较少见。但你不要觉得这些主题不属于 TED 演讲的范畴，想一想玛丽·罗切在 2009 年分享的 TED 演讲《性高潮不可不知的十点》，以及海伦·费舍尔 2006 年的 TED 演讲《恋爱中的大脑》。除此之外还有很多关于金钱的 TED 演讲，虽然我们都知道倾向于鼓

扫码直达罗切的演讲

扫码直达
费舍尔的演讲

舞人心、克服自身压力，并且立志追求自己梦想的 TED 演讲更多。

第三个基本需求是促进个人发展，你可以借此来建立与观众的联系。每个人都想要不断学习和成长。我们对自身充满好奇，愿意迎接挑战并且最终克服自身的局限性。同样，我们对周围的世界也充满好奇。所以，如果你有一个能够设定并完成目标的方法，你就有了完成一个优秀 TED 演讲的基本素材。人们经常运用这种结构性话题，其实，小说就是用讲故事的方式来讲述一个人从失败到吸取经验教训再到战胜逆境取得胜利的过程。

"希望与变革"这一口号是帮助奥巴马赢得 2008 年总统竞选的核心内容，这并非偶然。每一项群众运动的核心力量其实都来源于此，不管是社会活动、政治立场，还是宗教信仰。这是人类的第四个基本需求：吸引你的观众，帮助他们摆脱安于现状的心态，勇于展望明天，并让他们明白，为了这一天，一切付出都值得。从某种程度上来说，每个人都或多或少体验过存在的无意义感。人们需要改变，当有人帮他们指出存在的意义时，他们就会在世界留下自己的印迹。

讨论你熟悉与热爱的话题

这本书将让你收获如瑞士军刀一般万能的演讲技巧与窍门，从而进行富有感染力的演讲。请谨慎地使用这些技巧，就像使用其他拥有锋芒的物品一样。公开演讲所面临的最大挑战就是过度修饰辞藻反而使内容失去了可信性。当你将话题限定在你所感兴趣的事物上时，会产生神奇的效果。紧张的情绪即刻得以平复，你能够不假思索地构建起众多具有说服力的论据。你将滔滔不绝地讲述一个又一个故事，借此将观点传达给观众。当我询问 TED 大会的知名演讲者西蒙·斯涅克是怎样练就了他那卓越的演说能力时，他也认可了上述理论：

当人们问我，我是如何学会演讲的，我会告诉他们："说实话，我是投机取巧的！我只谈论那些我感兴趣的或是我熟知的事物。我无法去刻意制造热情。为人父母者可以连续四个小时滔滔不绝地谈论他们的孩子，我所做的其实也一样。我分享给大家的观点，就像是前面说的孩子——是我非常非常感兴趣的话题，同时我也充满了热情，想要将这些故事分享给所有愿意聆听的人。"

很多演讲方面的专家会在书本和演讲中建议大家，先去了解观众想得到什么，然后再筛选相应的信息来满足他们的需求。这条建议的出发点虽好，但也突显了一点不足。尽管为观众量身打造演讲内容十分重要，但是你所做的修改应该仅限于一些非核心内容的优化。例如，为了能够让观众更直观地产生联想，你可以换一个更合适的插图，或是考虑到观众较高的知识水平，你可以酌情增加背景信息的比重。但我坚信，与其像风中芦苇一样摇摆不定，不如去寻找真正认可并且渴望获得你的观点的观众。幸运的是，TED 大会的观众总是迫切地想要聆听一切值得分享，并且能够指导、取悦和启迪他们人生的奇思妙想。

演讲的目的是给予

我组织过好几次 TEDx 活动，也曾担任过其他许多活动组织方的顾问，因此经常有一些希望登上 TED 演讲台的人，以及一些已经确定下来的演讲者找到我，问我怎样做一个为观众所认可的演讲。但我想大部分读者更感兴趣的是如何提高公开演讲能力，而不是真的想站在 TED 的讲台上，因此关于这个话题，我将留到后面详细讨论。不过，在这里我想跟各位读者分享一条最重要的建议，这也是我分享给咨询者的。

他们问我，什么样的演讲才能得到观众的认可，我也用一个问题回答他们："你为什么要做这个演讲？"多数情况下，回答是这样的："因为这是我树立自己品牌的最好机会。"或是，"因为我从第一次看到 TED 演讲的视频开始，就梦想能登上这个舞台。"他们够坦诚，至少这一点还是值得称赞的。

然而，这些回答的问题在于，他们都是以演讲者为中心，而没有以观众为中心。TED 的组织方从一公里之外就能嗅到这一点，而这正是决定演讲成败的关键。这个问题的正确答案应该是这样的："因为我有非常强烈的愿望去分享一个观点，即使观众之中只有一个人在心灵和思想上被触动，我也会心满意足。"有了这个回答，即使视频有质量问题，没法传到网上，这场演讲也已经成功了。

西蒙·斯涅克给过我一条建议，我也送给各位读者：

最重要的一点是，我出场的目的是给予。我经常在上台之前大声告诉自己："今天你来到这里是为了分享你的观点。"不管什么时候做演讲，我从不带着从任何人身上获取些什么的想法，比如生意、赞许、卖书、推特上更多的粉丝，或脸书上更多的"赞"。我出场是为了分享我所知道的东西。如果观众喜欢，他们就会鼓掌。对我来说，这也是检验自己所给予的东西对观众是否重要的最佳方法。

一旦明确了自己要传播的观点是什么，就需要用一种易于观众理解的方式来组织这个观点。下一章将会讲述如何组织演讲，以便让观众在知识和情感上都能受到触动。

02

构思讲稿

观点是脊柱，论点是肋骨，论据是血肉

讲故事还是讲道理

在构思一场演讲时，好的演讲者通常会采用讲故事或讲道理的方式来表述。讲故事的模式就是将演讲内容集中在一个故事上，演讲者在台上声情并茂地讲述，并在结尾处揭示核心观点。而在讲道理的演讲中，演讲者会将论点贯穿始终。尽管 TED 以讲述精彩的故事著称，但事实上，大部分演讲者都是以道理为主，然后用多个故事作为论据支撑，丰富演讲内容。

通常，讲故事的演讲者会用第一人称展开叙述。其中最著名的例子是吉尔·泰勒的 TED 演讲《吉尔·伯特·泰勒的奇迹》。

泰勒在故事的开篇就提到她的工作内容以及为什么会做这份工作。

她是一名研究员,在哈佛医学院精神病学系从事严重精神疾病的研究。她选择这样的人生是为了帮助患有精神分裂症的人们,而其中就包括她的弟弟。但在 1996 年 12 月 10 日,也就是她 37 岁的时候,泰勒发现自己患上了非常罕见的疾病——一种由出血引起的中风,这种疾病会影响左脑的语言中心。在竭力弄清楚发生了什么并寻求帮助的过程中,她体验到左脑屏蔽,完全活在右脑意识中的奇特感受。幸运的是,泰勒不停地想办法调动已经出血的左脑,在多次努力后终于依靠瞬间意识拨通了同事的电话,叫来了救护车。三周后泰勒接受手术,摘除了一个高尔夫球大小的血块,经过 8 年的休养最终完全康复。故事结尾,她以非常戏剧化的方式抛出了观点:

> 我深信,我们只要花更多时间去关心右脑,寻找那片内在的宁静,就会为这个世界带来更多的和平,我们的地球也将变得更美好。我认为,这是一个值得传播的观点。

讲故事强调以故事为主,但演讲者偶尔会跳出故事本身，补充其他相关信息。比如，泰勒在演讲一开始就跳出了故事本身，对大脑左半球的分析功能以及右半球的感知功能进行了临床解释，但整体来看，这段内容是唯一一段与故事没有直接联系的描述。

用清晰的逻辑推进观点的展开

如果中心思想是脊柱，那么论点就是肋骨。不论是讲故事还是讲道理，都是如此。因为讲故事的方式重寓意而轻道理，所以如果想要学会逻辑论证的构建方式，最好的办法就是拆解 TED 演讲中用讲道理推进的案例。要实现这一目的，你必须先掌握逻辑在演讲中的运用。

为保证关于逻辑的讨论是全面的，我们要先复习一下归纳推理和演绎推理。按照严格的定义，归纳推理是通过一组特定的事件、趋势或观察来证明一个一般性结论——就是那个值得传播的观点。与之相反，演绎推理是通过将范围逐步缩小，从一个一般性结论中得出一个具体陈述或个别结论——这也应该是一个值得传播的观点。

尽管我提到了两种方式，但请记住，这两种方法的文字形式都难以应用到演讲词的构建中。即使看过上百个精彩的 TED 演讲，我仍然无法轻易提炼出特别明显的逻辑结构。这不是因为演讲本身没有框架或框架不好，而是因为演讲本身就是微妙的。尽管要面对这些挑战，但熟谙归纳推理和演绎推理仍然是写出精彩讲稿的关键。

　　归纳推理时，一般性结论是由论据支撑的，但也不是绝对必然的关系，因为我们不可能做到去观察每个案例。例如，假设你在动物收容所工作，你每天的工作是清洗狗身上的跳蚤。由于送来的每只狗身上都有跳蚤，所以你得出结论"所有的狗身上都有跳蚤"。目前看，这是一个合理的结论，而且你还有令人信服的证据。但如果有一天你碰到了一只身上没有跳蚤的狗，你的结论就被推翻了。即使是"多数狗身上有跳蚤"这个结论，也是有弱点的，因为你观察的只是一小部分容易生跳蚤的流浪狗罢了。

　　尽管归纳推理是一种自下而上的方法，但结论却可以在开头或结尾处提出。仍然用同样的例子，你可以展开陈述：（1）我观察了上百只狗，每只身上都有跳蚤。因此，所有的狗身上都有跳蚤。（2）所有的狗身上都有跳蚤。我知道这一点，是因为我观察了上百只狗，而它们的身上都有跳蚤。

　　在哪里提出核心观点更合适呢，开篇还是结尾？各有利弊。如果在开篇提出观点，你的观众可以轻松地聆听演讲，但他们就不太可能提出"这样讲是要说明什么"这样的问题。尽管人们喜欢戏剧化，但接受度有限。将戏剧化元素从逻辑论证中拿出来，你可以将之用在其他地方。另外，如果你的观点能够被多数理性思维的人所接受，那么早些提出更加有效。当然，有时候你希望制造出足够的戏剧化效果，那就可以选择在结尾处揭示观点。这里没有最完美的方法。我的建议是在全长 18 分钟的演讲中开篇就提出观点，因为结尾点题的话，观众等待的时间过于漫长。

为了将归纳推理应用在演讲中，我们需要保持好节奏，放松一些限制，以将它转化成有用的东西。我将这些有用的东西称为"论点组"（promise group）。

归纳推理常以一般性结论作为开篇或者结尾，论点组也是如此，没什么明显的差异。

归纳推理通过事件、趋势或观察的集合来构建，而论点组则通过串联极具引导性的陈述来构建。每一个引导性的陈述都会引出一个问题。为了能让逻辑自然流畅，你的工作就是介入，并马上回答观众下一个最迫切想要知道答案的问题。如果你的陈述极具引导性或话题性，那么你需要在开始就回答"为什么"，并说明理由、观察结论或成因。如果陈述比较易于理解，那么你需要分步或者用方法说明"如何"。你的陈述可能会引发谁、什么、哪里、什么时候或者其他一些问题。不管提出的是什么问题，请注意答案都是几个理由或步骤，而非仅仅一个。答案可以按照流程排序，如过程或时间顺序，或者按照从高到低的优先级排序。

例如 2011 年查理·陶德在 TEDx 上的演讲。陶德先生是即兴表演团体的创始人，这个纽约市的"恶作剧"团体喜欢在公共场所制造混乱和欢乐。换一种说法，陶德和他的公司在"快闪"（flash mob）这个词创造出来之前，就将非暴力"快闪"概念完全实践并规范化了。

陶德的 TED 演讲传递了一个大家都认可的观点，内容极具娱乐性，时长只有 11 分钟，简短高效。因此，他成功地在结尾处提出观点："游戏本身无所谓正确或错误，接受这一观点，我们才能得到更多的快乐。"陶德开篇讲述他搬到纽约市之后，因为没有舞台进行排练，于是创办了即兴表演团体，这一开场白让观众们开始思考："你是如何创造一个户外的即兴演出舞台的？"借助视频和照片，陶德展开了演讲，并回答了 5 个方法：

1. 在公共场所制造出让人们积极体验的氛围场景，让大家有故事可说。

2. 选择能够吸引观众的地点。

3. 利用环境中已有的资源。

4. 将活动安排在特定的场所。

5. 偶尔选择以不同寻常的方式度过闲暇时光。

扫码直达陶德的演讲

找到故事与观点的最佳结合点

你可能接受过这样的演讲指导：完整的沟通由五个要素组成，即导论、构成主体的三个部分，以及结论。你也可能听说过演讲中要应用亚里士多德的三大劝说模式——人格诉诸（演讲者的信用）、情感诉诸（情绪）和逻辑诉诸（逻辑）。我完全认同这些指导，这是构思一个鼓舞人心的演讲的好方法。然而，你如果仅仅停留在这个层面，很可能做出的仍旧是一个无聊的演讲。

假设有两类演讲者，一类是纯粹情绪化的故事讲述者，另一类是纯粹逻辑化的宣传者。纯粹情绪化的故事讲述者带你体验一系列情绪的变化，给你带来极大的愉悦感。即使故事中有引人注意的寓意，但观众得花很大工夫去提炼为什么、如何实现，以及演讲者的观点是什么。在很多情况下，观众可能无法将它们拼凑整合起来，而这之间的缺口可能会阻碍观众受到启发。

与之相反，假设你听到的是一个纯粹逻辑化的传教式的演讲，又会是怎样？我一直很惭愧，因为在发现 TED 之前，我自己就是这一类演讲者。我可以为我提出的假设或正在研究的商业案例提供理性论据，但同时还必须费力地去说服人们，因为我没有提供事例让观众在情感上接受我所说的内容。

观看 TED 视频时我最大的收获是，最具说服力的演讲者做到了将论点和论据完美结合。这并不需要精确的比例，依经验来看，论点越复杂，需要的支撑越多。继续延用人体这个比喻：如果观点是脊柱，论点是肋骨，那么论据就是血肉。如果你想要自己的演讲站得住脚，三者缺一不可。

表 2-1 是 TED 演讲的提纲，按照我们熟悉的五要素结构设计，由论点和论据构成。在提纲中，演讲者从导论开始（第 1 步），然后进入 A 部分。A 部分以论据开始（第 2 步），之后提出论点（第 3 步）。论点是理性的见解或解释，是从事例角度得出的。然后，在 B 和 C 两部分重复这样的模式，在论据和论点之间按步骤切换。最后，演讲者以结论（第 8 步）收尾。

表 2-1　兼具论点和论据的五要素演讲提纲

要素	论点	论据
导论	第 1 步	
A 部分	第 3 步	第 2 步
B 部分	第 5 步	第 4 步
C 部分	第 7 步	第 6 步
结论	第 8 步	

提供这个改进版提纲的目的是给演讲者一个启发，而不是规定严格的格式。有些演讲者会省略这 8 步中的一步或几步；也有些演讲者喜欢先表明论点，再用事例支撑；还有些演讲者会调整主体部分的数量。总之，这是一个基本结构，可以延伸出很多变体。

到目前为止，这一部分的内容讲得非常抽象，我想你希望看到一个实例，以免只有理论，没有事实！因此，让我们看看查理·陶德如何在演讲中改编并应用了这个提纲。从表 2-2 中我们可以看到，他的演讲主体有 5 个部分，而不是 3 个部分。

表 2-2　查理·陶德的 TED 演讲提纲

要素	论点	论据
导论	（1）10 年前我搬到纽约后创建了即兴表演团体，是因为没有表演和演出喜剧的舞台	
A 部分	（3）在公共场所制造出让人们积极体验的氛围场景，让大家有故事可说	（2）"不穿裤子搭地铁"视频剪辑
B 部分	（5）选择能够吸引观众的地点	（4）"多向上看"视频剪辑
C 部分	（7）利用环境中已有的资源	（6）"百思买恶作剧"视频剪辑
D 部分	（9）将活动安排在特定的场所	（8）"扶梯击掌"视频剪辑
E 部分	（11）偶尔选择用不同寻常的方式度过闲暇时光	（10）6 个用幻灯片列举的例子
结论	（12）作为孩子，我们不会质疑游戏；作为成人，我们必须重新认识到，游戏不分对错	

在 A 部分，他展示了一段一位女性乘客和同伴在纽约地铁上的荒

诞恶作剧视频，证明了第一个"如何"。情节如下：一位女士在地铁车厢中看书，两位男士坐在她对面聊天。地铁进入第一站时，女士抬起头看到一位男士刚刚上车，他穿着外套，围着围巾，下身仅穿了一件波点短裤。在接下来的 6 个站点，分别有 6 位同样装扮的男士进入车厢，他们之间并没有交流。最后，一位女士上了地铁，拿着一个行李袋以 1 美元的价格卖裤子。这些男士穿上裤子，离开地铁，走向不同的方向。

演讲者在构思 TED 演讲时面对的最大风险是内容太多。在编辑讲稿时，首先要问自己，讲稿的某一部分是给论点加分，还是给论据加分。以查理·陶德的演讲为例，讲稿主体的五个部分都能够加分。接下来，你要问自己，每一个部分是否都必须存在，尤其是主体超过三个部分时。

概括来说，在举例论证的时候，保持表述方式的一致性往往可以达到最佳效果。以查理·陶德的讲稿为例，前四个部分在结构上非常平衡，每个部分都包含一个"如何"，并用视频方式展开。而第五部分的论证用了 6 张幻灯片进行描述。由于处理方式不同，这部分内容会让人觉得是强加上的，显得有些仓促，尽管内容本身很好，但仍削弱了演讲的力量（见表 2-2 的 E 部分）。其实完全可以考虑去掉这部分，或把它放在导论或者结论中。

有效触发情感反应的例证方式

写到这里，大家可能会误以为像陶德先生这样讲故事的方式是与人交流的唯一方法。尽管我也认为故事是最好的形式，但仍有很多其他形式可以使用，比如统计、引用、举例、假设。让我们逐一看一下这些方法，首先是统计。

43Things. com 网站有超过 300 万订阅者列出了目标，分享进步并彼此打气。这个网站最有趣的一点就是会对最流行的目标进行总结，并将之称为"43Things 时代思潮"。"写一本书"这个目标名列前茅，与"减肥""恋爱""存钱"有着同样的吸引力。在这样的背景下，我们来看一下 2011 年的 TED 演讲者马特·卡茨如何分解写一本书需要做的事。

> 我还发现，如果你真的特别想要某样东西，你可以在 30 天内做成任何事。你是否想过写一部小说？每年 11 月，成千上万的人试着在 30 天内从零开始完成自己的 5 万字小说。其实，你需要做的就是每天写 1 667 个字，坚持一个月。我就这样做了。顺便提一下，秘诀就是在完成当日的写书任务前不要睡觉。你的睡眠时间可能会被剥夺，但是你将完成你的小说。现在我的书成为美国下一本伟大的小说了吗？没有！我只花了一个月时间写它。这本书糟透了！

扫码直达卡茨的演讲

引用是第二种非故事例证。这种方式由于过度使用已失去新意。我的建议是，仅仅在被引用人与你的主题紧密相关或者举足轻重时使用。邦克·罗伊在 TED 演讲中谈到为贫穷地区修建大学、分享传统知识时，引用了圣雄甘地的事例，并把导师形象展现了出来。

扫码直达罗伊的演讲

　　我们认为这些人应当加入主流当中，并证明他们所具备的知识和技能是具有通用性的。这些知识和技能需要被运用起来，需要展示给外面世界的人看——这些知识和技能甚至也与现代社会息息相关。因此，这个大学是按照圣雄甘地的生活和工作方式来运作的。学生坐在地板上吃饭，躺在地板上睡觉，在地板上工作。我们没有合同……

在演讲中，罗伊巧妙地将甘地设定为重要人物，并引用了他的一句话作为演讲的结论，给被压抑的农村贫困人群以权利。

　　我将引用圣雄甘地的一句话来结束演讲：

"最开始，他们忽视你，之后嘲笑你，然后与你战斗，而最终，你将赢得胜利。"

无论熟悉的还是冷僻的，举例都是 TED 演讲或其他演讲中最常见的非故事例证。比如，心灵大师苏珊·凯恩在说明其观点后用三个人作为例子，其中也包括甘地。

事实上，我们的很多变革领导者都是内向的人。我会举一些例子：埃莉诺·罗斯福、罗莎·帕克斯、甘地——所有这些人都将他们自己描述为安静的、说话温和的，甚至是害羞的一类人。而他们所有人都选择了站在聚光灯下，尽管身体的每块骨头都在告诉他们不要去。这样的反差本身有一种特别的力量，因为人们可以感觉到这些领导人担当领导者角色不是因为他们享受指挥他人，也不是为了受人瞩目；他们在那个位置是因为他们别无选择，因为他们受使命驱使，要做他们认为正确的事情。

扫码直达凯恩的演讲

假设情形是非故事例证的一种更加优雅的形式，因为它们能刺激观众自我说服。由于这一形式的例证非常有力，所以经常被用在演讲的导论或者结论部分。演讲者先要求观众想象一个黑暗的世界，在那里没有人理会他们的想法，之后演讲者会释放张力，让观众想象一个明亮的世界，在那里他们的想法会得到关注。正如创造可汗学院的萨尔曼·可汗在演讲中所做的，他的观点是基于技术的自学方法可以将人类知识面提升到新的高度。以下是他的论据：

扫码直达可汗的演讲

想象一下，在洛斯阿尔托斯（Los Altos）发生的这么宝贵的经验（自学），如果在成年学习者身上也这样实践，谁还会为回头学习以前学过本应该会的东西而感到尴尬。试想它会对一个由于白天要帮忙赚钱养家，所以不能上学的加尔各答街头的孩子产生多大的影响。现在，他们每天只要花两个小时就能赶上进度，而不再需要为他们所做的事或者不知道的内容感到尴尬。

演绎推理是论证非传统观点的利器

到目前为止，我们深入学习了一种演讲叙述方法——归纳推理。实际上，这是 TED 演讲中用得最普遍的形式，因为大部分观点并不会特别违反常理。很多演讲者发挥的是专业提醒的作用，提醒我们做自己应该做的事或者用更好的方式去思考。这些演讲者不仅将这些观点摆在你面前，还讲了很好的故事，并提供方法和技巧帮助我们养成新习惯。

如果演讲者的观点严重违背传统观念，那么归纳推理就不适用了，因为这种思考方式有很大的质疑空间（记住，如果你碰到一只身上没有跳蚤的狗，那么"所有的狗身上都有跳蚤"这个一般性结论就被推翻了）。幸运的是，有另外一种叫作"演绎推理"的叙述方法能够解决这类问题。

回到严格的教科书定义上来，演绎逻辑是从人们普遍接受、不会引起争议的一般性结论、规则或规律开始。它必须不具争议性，因为你需要让人们接受你的结论。如果人们质疑你说的第一件事，那么他们会一直跟你作对。如果第一项原则确立了，之后再用演绎推理将它们串起来，就会越来越有针对性，容易被人们接受。出于这个原因，这种推理方式是自上而下的。最后，演讲者往往会得出一个出人意料的结论——一个值得传播的观点。因为它基于一系列的事实，而且是绝对确定的。

再一次借用之前的那个例子：

1. 所有的狗身上都有跳蚤。

2. 所有的跳蚤都咬人。

3. 被跳蚤咬了会痒。

4. 缺乏冲动控制的动物感到痒就会挠。

5. 狗是缺乏冲动控制的动物。

6. 因此，所有的狗都会挠自己。

是的，这是一个有些愚蠢的观点，而且绝对不值得传播，但是它有助于说明问题。至少它可以分为以下三步：提出一个大的论点，然后提出一个小的论点，最后提出一个将它们连在一起的结论。其中的连接可以是无穷的。还要注意的是，归纳推理可以将观点安排在开头或结尾，但演绎推理通常在结尾揭示出重要观点。

同归纳推理一样，演绎推理的逻辑也十分严格。

掌握演绎推理的关键是认识到演绎推理是一个线性链条，每个环节都可以提出问题，并在"链条"的下个环节给予解答。

　　构造最漂亮的推理链是"为什么"链条。如果你曾经同一个 6 岁的孩子聊过天，那么你在现实中可能感受过。成年人最害怕的是第四个或者第五个"为什么"，因为这非常难回答，而用一个不耐烦的"因为"作为回答，并不能让你获得"好家长"的美誉。但如果你能够循序渐进地回答问题，你就找到了解决方案。

　　你还可以用其他类型的链条，比如"怎么""什么"等。另外，你也可以回答不同的问题，例如，从"为什么"到"如何"再到"什么"。关键是每个环节都应当回答上一环节提出的最紧迫的问题。如果你没能做到这一点，你的论证将支离破碎。

　　在一篇包括导论、三部分主体和结论的演讲稿中，你可以在导论处给出一个大背景介绍，在主体部分使用三个小前提，最后在结尾提出一个有力的见解。肯·罗宾逊爵士在他的演讲中正是这样做的（见表 2-3）。

扫码直达
罗宾逊的演讲

表 2-3 肯·罗宾逊爵士的 TED 演讲提纲

要素	论点	论据
导论	（1）教育中创造性与文化教育同等重要	
A 部分	（3）孩子天生具有创造性	（2）分享以下故事： a. 一个 6 岁的女孩画了一幅上帝的肖像； b. 肯·罗宾逊的儿子在圣诞剧中扮演圣母玛利亚的丈夫约瑟。
B 部分	（5）然而，我们正在教育孩子丢掉他们的创造能力，以满足工业化社会的需要。我们没有去创造一个更好的世界，反而在助长学术泡沫。	（4）引用： a. 引用毕加索的例子； b. 一个移民美国的故事； c. 联合国教科文组织的一份统计资料。
C 部分	（7）相反，我们应当拥抱人类智慧的多样性	（6）讲述吉莉安·琳恩的故事，她是一位成功的舞蹈演员和舞蹈编导
结论	（8）因此，我们必须全面教育孩子，这样他们才能有更好的未来，世界也才会更加美好	

　　罗宾逊爵士并没有在开篇就亮明观点，而是使用"背景－症状－解决"式框架逐步打造。很多人将这样的方式称为"问题－解决方案"框架，但我更倾向于将之分解成三个部分，因为观众需要了解背景，才能理解由症状提出的问题。"背景－症状－解决"式框架是最有效的方式，可以引导人们以三部分方式改变观点或者采取行动。第一部分以中立的方式描述当下的情景。这里有一个好办法可以帮助你更好地描述情景，就是设想你在向一位聪明的、对内容感兴趣但事先对此没有什么了解的观众介绍背景知识。第二部分是症状环节，通过揭示"为什么现状有瑕疵"来吸引观众。瑕疵不一定是问题，也可能是隐藏

的机会。第三部分提供能够解决问题或者利用这个机会的方案。

罗宾逊爵士用一个不会引起争议的陈述开始了他的教育创新演讲。用观众都会赞同的内容开场，是说服艺术中的最佳选择。接下来，他的每个论点都引出多个潜在问题。正如我之前提到的，演讲者的首要任务是应对最紧迫的问题。在这种情况下，很少有观众需要了解为什么创造性和文化教育一样重要。罗宾逊爵士把它当成共识，进而去解答更紧迫的问题："我们是否真的需要教孩子们如何变得有创意？"

在演讲的第一部分（表 2-3 的 A 部分），罗宾逊爵士提出了一个毋庸置疑的观点：孩子天生具备创造力。这是他观点部分"背景"环节的结尾。接下来，他提出了"那么教育的问题是什么"，并在第二部分列明了症状，即我们目前的体系注重培养左脑的逻辑发展，忽略了右脑的创造性表达。依据这个逻辑，罗宾逊爵士又提出新问题："那么，这是否就一定是坏事呢？"还是在"症状"部分，他做出了回答：现行体系没有让我们更快乐、更多产，只是带来了学术泡沫。

问题的紧迫性引发了观众对答案的渴求。罗宾逊爵士在第三部分表明，我们最大的希望就是拥抱人类智慧的多样性。尽管论证已经很完整了，但观众还是希望演讲者能够总结出一个结论，并简明扼要地表达出来。罗宾逊爵士在结束语中正是这样做的：

> TED 赞赏的是人类的想象力。我们现在需要小心、聪明地发掘这个天赋，并避免我们讨论到的情景发生。要做到这一点，唯一的办法

就是要看到创新能力的多样性，看到孩子所代表的希望。我们的任务是要全面教育他们，让他们能够面对未来。虽然我们可能看不到这个未来，但是他们可以，而我们的任务就是让他们的未来有意义。

许多陈述结构的讨论不太关注逻辑论证，而是喜欢强调组织形式。通用的例子如下。

- 问题-解决方案。设计问题，分享解决方案，列明益处，呼吁观众采取行动。
- 替代方案。分享各方对事件的观点，再分享你对此事更加明智的看法。
- 实证。揭示一些酷的东西，分享它的特征和利益，告诉人们什么时候以及怎样得到。

要做有说服力的演讲，我更倾向于采用"论点-论据"方式，因为这样你可以叠加任何组织形式。例如，查理·陶德和肯·罗宾逊都使用了"问题-解决方案"框架，却采用不同的逻辑陈述方法。除了具有灵活性和讨论的纯粹性的特点，"论点-论据"方式还能让你更集中在真正值得传播的观点上。

现在你已经对演讲的逻辑结构有了深入了解，是时候开始学习如何选择并讲述有影响力的故事了。

03

编排故事

"英雄之旅"是最基础的故事讲述模式

讲述亲身经历或亲自观察到的故事

你如果希望将观众"折磨"到情绪崩溃、泪流满面，那么就将TED 演讲的 18 分钟全部用来罗列事实。当然，TED 的组织者永远不会允许你那样做。每一个值得传播的观点都应该有一个值得讲述的故事。演讲的每个部分——开头、主体和结论都提供了讲述故事的机会。你可以选择分享一个单一故事，用故事推进演讲，也可以讲述一系列故事，作为用论点推进演讲的事实论据。

摆在眼前的第一个问题是你应当讲述哪些故事？简单来说，你应该讲述那些你亲身经历或观察到的故事。试想一下，如果你要分享你学过的最伟大的一课，那么你的故事就变成了你是什么时候以及怎样学到这堂课的。如果你已经成年，那你一定有无数个面对困难需要坚持不懈的故事。你曾经爱过，也失去过；你曾经伤害过别人，也被伤害过。平凡的生命中点缀着不平凡的时刻。你的故事是可以启迪他人的，你只需要学习如何满怀情感地分享它们。

在某段时期，人们要么没有故事，要么故事过多。那些生活封闭的人会觉得生活很平凡，而且缺乏戏剧化的经历。如果深入思考一下，你就会意识到这不过是无稽之谈。其实每个人都会在每天的精彩生活中经历至少一次顿悟。而当你时刻关注自己的情感时，你就会看到上百个故事在脑海中浮现，这种敏感度就会导致你得到过多的故事。当你试图将一生的见解统统塞进 18 分钟的 TED 演讲时，你就会遭遇这种困境。解决这两种情况的万能药就是找到一个具有个人色彩的、有主题的故事。下面将告诉你关于讲故事的三个提示，它们的作用立竿见影。

◎ 提示 1：一堂课

如果时光可以倒流让你为自己上一堂课，你会选择什么内容？一个安全且有效的主意就是上一堂职业生涯课。也许你有很多内容可以选择，但是你只能选择一个。

我也有这样一堂课。在职业生涯开始时，我坚信真正成功的标志是工作出色，主管让我独当一面。有整整十年我都生活在这种无知中，直到一位经理让我感受到了不断追求和接受反馈的力量。从那之后，我一直希望有一台时光机让我可以去给年轻的自己上一堂课。

听到我这个想法的一些人也会希望有时光机，让他们可以给年轻的自己一个警告，以阻止某些灾难性事件的发生。我不提倡采用这类分享内容，因为尽管你可以通过示弱与观众建立联系，但是你带给他们的感觉是为你的遭遇而惋惜。他们无法帮助你，也不会将你的警告和自身的生活联系起来——而这却是你整个演讲的目的。你应该着眼于一个永恒的真理，我选择的是"过程即回报"。尽管这不是一个新颖的概念，但它的魅力在于，分享我在拥抱真理前的感受，以及我感悟后的精神体验，并说明自那之后我的生活变得如何不同。

◎ 提示 2：决定性的时刻

给你的人生方向带来最大改变的决定性时刻是哪一刻？它可能是一个成功或开心的时刻，不过，最有力量的故事往往来自失去、痛苦、恐惧或失败。为了安全起见，你可以再一次选择职场故事，或者你也可以选择个人故事。如果你在做一个幽默的演讲，那就选择你最尴尬的时刻作为你的决定性时刻。

如果你选择阴暗且个性化的故事，请记住，一定要把观众带回光明和希望。莱斯利·摩根·斯泰纳在她的 TEDx 演讲中分享的是，请每个人说出家暴的早期迹象，以帮助家庭暴力的受害者摆脱"疯狂爱情故事"。斯泰纳描述了第一次婚姻遭遇家暴的痛苦经历（那个男人竟然用上膛的枪指着她的脑袋），以及第二次婚姻有了一个爱她的丈夫后的幸福生活，她提到了她的三个孩子、一只拉布拉多犬和一辆本田奥德赛小型货车。重要的是，在演讲结束时，她描绘了一个没有家庭暴力的世界，每个家庭都生活在一个安全平和的氛围中。

要想将一个好故事变成一个伟大的故事，就要将决定性的时刻定格在选择的时刻。只在善与恶之间做选择显得过于简单和明显，你可以给出两个善的选择。当然，如果能给出两个恶的选择就更好了。还可以增加一些悬念，比如当时你所处情况非常复杂，竟然忘记做选择。

扫码直达
斯泰纳的演讲

◎ **提示 3：克服弱点**

是哪些早期的弱点让你找到了激情呢？有很多人都在隐藏或克服自身弱点的渴望的推动下，开发出了自身的巨大优势。很多伟大的演说家一开始是惧怕公开演讲的。很多人在被权威彻底否定后，发奋图强成为成功人士。15 岁之前，我没有完整读完过一本书，但我的英语老师詹姆斯·科茨却将我变成了如饥似渴的读者，让我走上了作家的道路。同时，在此向 CliffsNotes 网站的创始人克利夫顿·基思·希莱加斯送上迟来的感谢，是他帮助我完成了中学的学业。

从这三个提示中选择最能让你产生深层共鸣的那个来传播你的观点。

使用"英雄之旅"的模式

如果神话作者约瑟夫·坎贝尔（Joseph Campbell）的时代有 TED，他肯定能够做出那个时代最有价值的演讲之一。在 1949 年的开创性作品《千面英雄》（*The Hero with a Thousand Faces*）中，坎贝尔将千万年以来世界各地的重要传说结合起来，打造成值得传播的观点。他创造了"单一神话"这一概念，通常被人们称为"英雄之旅"，成为超越时间、空间和文化的最基础的故事讲述模式。

不幸的是，坎贝尔先生的作品虽然具有极高的价值，却非常难懂。而幸运的是，几位专家级的编剧将自己的诠释融入这部开创性的作品，使它的理念可以被普通人理解。这些站在巨人肩膀上的名家及其作品，包括悉德·菲尔德的《电影剧本写作基础》、罗伯特·麦基的《故事》、布莱克·斯奈德的《救猫咪》，以及克里斯托弗·沃格勒的《作家之旅》。

051

其中后两部作品最具可读性。你可以先阅读沃格勒的作品了解基本内容，然后阅读斯奈德的作品了解其主题升华的技巧。

沃格勒和斯奈德的模式常用在时长 90~120 分钟或更长的完整电影脚本中。一个 18 分钟的 TED 演讲显然不能涵盖那么多内容，然而故事总有一些固定元素。皮克斯动画工作室的故事总监马修·鲁恩所做的演讲《皮克斯动画》，给出了一个非常棒的、包括打造一个引人入胜的故事所需的最少元素的框架。皮克斯动画的主旨是，三幕中的每一幕都必须有清晰的开始和结尾。第一幕设定背景，第二幕描述问题，第三幕提供解决方案。表 3-1 对比了沃格勒、斯奈德和鲁恩的故事讲述模式。

要掌握这种故事讲述模式，最好的办法就是解构一个由善于编织鼓舞人心的英雄传奇的演讲者所做的 TED 演讲。在得到克里斯托弗·沃格勒的允许之后，我们用她的模式来检视一下贝姬·布兰顿 2009 年在 TEDGlobal 上的演讲《我无家可归的一年》。布兰顿女士是一名记者，也是一位作家，我们真的将"作家之旅"用到了一位作家身上！

扫码直达
布兰顿的演讲

表 3-1　沃格勒、斯奈德和鲁恩的故事讲述模式

	沃格勒的《作家之旅》	斯奈德的《救猫咪》	鲁恩的《皮克斯动画》
第一幕	日常世界 历险召唤 拒绝召唤 遇到导师 越过第一道边界	开场景象 主题呈现 设定 催化剂 辩论 变成两个	很久很久以前…… 每天…… ……直到有一天……
第二幕	考验、伙伴、敌人 接近最深的洞穴 磨难 回报	B 故事 乐趣和游戏 重点 坏人靠近 失去所有 灵魂的暗夜 变成三个	……由于那个原因 ……由于那个原因 ……由于那个原因 ……直到最后……
第三幕	回归的路 复活 携万能药归来	尾声 最终的景象	……从那天以后…… 故事的寓意是……

◎ 日常世界

　　我是一名作家，一名记者，同时也是一个充满好奇的人。因此，在作为记者的 22 年里，我学会了很多新东西。

观众席上的人们是否喜欢你的主人公无关紧要，但他们必须能够与这个人建立联系，进而与故事本身建立联系并从中学习。"日常世界"为观众提供了一个机会，让他们观察布兰顿的优点、心态、欲望、人际关系和缺点等细节。

布兰顿的演讲只有不到 7 分钟。她将她的日常世界浓缩成了一句话。她明确说明自己有两个性格优点：拥有好奇心和学习能力，并巧妙地通过介绍自己的职业规避了细节部分。典型的现代记者，坚强、独立，过着质朴的中产阶级生活。布兰顿女士以她简单的着装强化了这一形象：挽起袖子的灰色衬衫、黑色马甲、长裤，以及舒适的鞋子。

那弱点在哪里？很多有明显特征的主角的主要优势，往往也是其主要弱点。正如我们后面了解到的，她的好奇心将她带入了黑暗世界。这一设定也预示着整个演讲将围绕一个核心主题——不断追求新知识和新体验究竟是不是一个好主意。

◎ 历险召唤

三年前，我学会了一件事，就是如何让自己隐形。我成了一个无家可归的工作者。那年二月，父亲去世之后，我辞去了报社编辑的工作，决定去旅行。他的去世对我打击非常大。当时这么做，是因为有很多我想去感受和处理的事情。

历险是一种内在或外在的催化剂，撼动了你的英雄主人公的正常世界。现实一点来说，催化剂应当是对人的基本需求的直接威胁，并且经常会对价值观造成直接威胁。外部刺激影响到马斯洛需求层次的底层，包括生理需求、安全需求和社交需求。人们采取极端措施以求生存和保护他们所爱的人。刺伤自尊心或阻碍自我实现的内在干扰也同样有力。内在或外在的召唤都强调主人公在某种程度上是不完整的，可以通过克服问题、避免困扰或追求诱惑而去冒险。例如，对于个人生活状况的不满让很多主人公踏上了伟大的征程。

大多数故事里的催化剂仅在某个层面上发挥作用，而伟大故事里的历险召唤不仅赋予主人公强大的外在目标，还会为其提供一个更为强大的内在目标。布兰顿女士也没让观众失望。失去家庭成员促使我们向外寻找替代关系。此外，你还可以从"我想去感受和处理的事情"中感觉到，这里有强大的内在力量影响着她的内心。尽管她并未在演讲中透露自己的父亲是一个酒鬼，还有虐待倾向，但她允许我与你们分享如下内容，让其他有过被虐待经历的人从中看到希望：

他会因为任何原因打我，甚至没有任何原因也打我。我 10 岁的时候，他拿着皮带走了进来，我说自己什么也没做。他说道："你可能做了什么而我没有看到，所以你还是要挨打。"

我不知道我为什么那样说，但我还是说了："要不你让我写篇文章，说明你为什么不应该打我。"我成长的过程中经常听他说有一篇文章要写——他很晚才上的学。在我 10 岁的意识里，我想：
"如果我写一篇文章，或许我可以逃过一顿打。"他考虑了一下，
让我写文章。那是他最后一次打我。我开始为我的生命写作。每
次他喝醉酒，拿出皮带，我都会说："让我写一篇文章，说明你为
什么不该那样做。"还是孩子的时候，我就学会了写劝说性的文
章，之后就一直持续下去了。

有回报且风险很低的选择是无聊的。历险召唤从来都不是一个简
单的选择。你应该给你的主人公提供两个善的选项，如果能给出两个
恶的选项就更好了。如果冒险能提供巨大的潜在回报，那么它的成功
率应该很低，而失败的代价将是灾难性的。在布兰顿女士的故事中，
她可以留在家中，让抑郁不断升级；或者，她可以离家出走，代价是
生活在社会的绝望边缘。

历险召唤往往是引入恶人（或揭示主人公日常世界中的某个角色
其实是一个敌人）的最佳机会。敌人不一定是完全邪恶的，他们也是
自己故事的主人公。恶人会造成冲突，因为他们追逐同样的外在目标，
而他们相信，主人公的死亡、毁灭或失败是达成目标的唯一方法。

◎拒绝召唤

我们稍后将会回到布兰顿的演讲中来，但是我想请你们注意两个
她在演讲中没有用到的故事元素。这里先谈第一个——拒绝召唤，后

面将谈到第二个——遇到导师。故事的元素不需要按照严格的顺序出现，也不需要全部出现。不过，如果你要重新排序或者去掉一些元素，就必须非常清楚地认识到这样做的后果。

为了让故事可信，你的人物在每个时间点上都必须采取最低限度的保守行动。最低并不代表小，人们会采取极端措施对抗意外情况。例如，你会跳到一辆迎面而来的火车面前把你的孩子推出危险区域。

1988 年，PBS 电视台推出系列剧《约瑟夫·坎贝尔和神话的力量》。第一集中，坎贝尔列出了你可以创作的三类英雄。在布兰顿女士的故事中，她属于第一类——主动英雄，这类英雄主动踏上征程去达成一个特定的目标。在实现目标的过程中，英雄通常要经历心理上或精神上的转变，而这样的转变远比他的感观经验更重要。第二类是被动英雄，他们被迫踏上征程。坎贝尔举的例子是被卷入战争的士兵。稍微温和些的例子也经常出现在现代电影中，如一个孩子被迫与父母一起踏上跨国之旅。第三类是无名英雄，他们介于主动英雄和被动英雄之间。凭借个人意志，无名英雄踏上了意外的旅程。在古代神话中，这一类型的代表是一个人跟着有魔力的动物进入森林。电影《宿醉》代表的是这类原型更现代、更滑稽的版本，其中的角色出发时是为了寻求乐趣，但很快就发现自己踏上了冒险之旅。

这三类英雄，特别是被动英雄，都可能一次或者多次拒绝召唤。事实上，拒绝召唤是另外一个巨大张力的构建者。观众想要了解英雄在接受命运之前必须做什么。另外，连续拒绝应当会使英雄原本的日常世界变得越来越不宜居住。

英雄的想法可能不是唯一阻碍。在很多故事里，英雄的身体或精神被一个或多个守护者阻拦。身体约束比较显而易见，而外在的情感约束可能以多种形式出现。最有力的约束往往来自朋友，而不是敌人。朋友的质疑或者社会压力会使得英雄不得不保持现状。

在踏上征程前，即使是布兰顿这样的主动英雄也会拒绝召唤。然而，布兰顿女士的时间有限，而且她故事里的其他部分已经足够戏剧化，所以尽管她可能在现实生活中面对阻挡下过决心，但演讲时却不需要加入拒绝召唤的内容。

◎ 遇到导师

演讲者最容易犯的错误，就是只讲述取得成功的故事，却从不提及在成功路上得到的种种帮助。他们常常把自己描述得非常优秀，以至于让观众觉得他们高高在上。然而，想要让大家对你的演讲产生共鸣，受到启迪，并把这些智慧应用到他们自己的人生中，就必须让观众觉得，是成功的过程与众不同，而不是演讲者本人。

有一位 TED 演讲者是畅销书作家，她曾在演讲中提到过去的一次意外成功。尽管她提及这一点的本意是开个自嘲的玩笑，想说自己永远都无法超越那一壮举，但还是违反了刚刚提到的原则。作者的本意是好的，她确实对自己的那次意外成功感到惊讶。但问题在于，分享对自己成功的惊讶，无形中将自己放到了高高在上的位置。虽然这并没有造成不可挽回的影响——她的演讲仍成为 TED 最受欢迎的演讲之一，为上百万人的生活带来了正能量，其中包括我本人，但我还是要请大家注意，演讲时一定要避免自我夸耀，哪怕是有这样的苗头也不行。

解决这个问题的办法，就是在你的演讲中引入一名或多名导师，他们会为你提供支持、保护和知识。他们在你成功的路上或许只是一闪而过，但只要曾为你带来过一丝灵感，他们就在你走向未知的路上起到了推动作用。请注意，导师不一定是一个单一的角色，他可以是由多个角色担当的临时角色。另外，导师并不一定都是人，其他生物体、静物，甚至是无形之物往往也会扮演导师的角色，例如动物、书籍和歌曲等。

在贝姬·布兰顿的故事中，你将发现，在彩虹的另一端没有让人艳羡的奖励。她对自己的定位是与观众一样的普通人，或许她的经历起到了一定的向导作用，但她绝不是高于观众的人。布兰顿分享了她性格的不足、生活的失败和情感的脆弱，这些事情让她更像是一个普通人。她的故事中并没有某个导师引导过她。不过，即便有导师做向导，人们最终也都要独自面对未知。

◎ 越过第一道边界

我一生都在露营，所以我决定在车里住一年，就当成一次长时间的露营之旅。因此，我将我的猫、罗威纳犬和露营用具都装进了一辆 1975 年的雪佛兰旅行车里，开车去看日落。我当时完全没有意识到三件严重的事情：第一，社会将住房，即便是很小的房间，与人的价值等同起来；第二，如果放任别人的负面看法不管，将对我们本身造成严重的影响；第三，无家可归是一种生活态度，而不是一种生活方式。

尽管英雄的旅程可以纯粹是心理上的，不过多数旅程还是会涉及空间移动，以便我们能够真正跨出第一步，进入一个陌生的世界。无论哪种情况，我们都必须采取可能导致风险增加的果断行动，做出自我牺牲，让英雄开始历险，这样能够明显增加故事的张力。

布兰顿带着观众进入了她的特殊世界。她告诉大家，她是一位有经验的露营者，这给观众提供了信心，让大家相信，她能够平安度过即将到来的风暴。

◎ 考验、伙伴、敌人

最初，住在车里感觉不错。我露天洗澡，正常外出就餐，而且有时间抒发情感。但是后来，因我父亲去世而带来的悲愤和痛苦开始加剧。我自由作家的工作结束了，需要去找一份全职的工作赚钱付账单。温暖的春天变成了燥热难耐的夏天，不管车停在哪里都让人难以忍受。我带着一只猫和一条狗，而且天气非常热。猫从车窗跳进跳出，狗跑到了狗狗护理中心，而我大汗淋漓。不管什么时候，只要可以，我就会去用办公大楼或卡车休息站的员工淋浴，或者跑到公共卫生间清洗一下。

夜里车内的温度也很少能降到 27 摄氏度以下，这使我几乎无法入睡。食物在高温下腐坏，冰箱里的冰几个小时就融化了，那真是一段非常苦闷的时期。我当时租不到公寓，或者说租不到可以养狗和猫的公寓，而我又不想抛弃它们，所以只能继续待在车里。炎热的天气使我饱受折磨，在夜里都懒得走 15 米去车外面的公共卫生间，只能用桶和垃圾袋当厕所。

一旦踏上征程，就没有回头路。她通过一系列考验，了解了这个特殊世界的规则，这些考验非常困难，却不会对生命构成威胁。她积累的信息和力量可以帮助她面对即将到来的折磨，但仅靠这些还不够。

正如布兰顿强调的，这些考验让情感不断强化，让她在积极情绪和消极情绪之间摇摆。她从积极的基调起步，希望将旅程变成舒适的露营之旅，能够有时间在情感上疗伤。之后在面临情感、经济和身体挑战的时候，她的情绪陡然转向了消极。接下来，她给她的狗找到家，发现了一个尽管有点绝望但至少能保持个人清洁的方法，这使她的紧张情绪得到了小小的释放。但后面发生的事情，却使她的绝望升级，消极情绪越来越强。

在这个阶段，大部分故事的主人公都会遇到新朋友，并遭遇一些恶棍或小流氓。但在布兰顿的故事中，她的朋友就是她的宠物，她的敌人是无家可归和压抑的感觉。她的抑郁越发严重，但还没有达到彻底疯狂的程度。

◎ 接近最深的洞穴

当冬季到来的时候，温度骤降到零度以下，然后就一直这么冷。我又遇到了一堆新的问题。每晚我的车都停在不同的地方，这样才可以避开警察，当然，并不是每次都能成功。

但最为重要的是，我觉得我已无力掌控自己的生活了。我不知道这种感觉是什么时候开始或者怎样开始的。我这么快就从一个有才华的作家、新闻从业者变成一个无家可归、只能住在车里的女人，这种转变快得令人难以置信。我并没有改变，我的智商没有降低，我的才能、我的正直、我的价值，我的一切都还是一样。但在某种程度上，我还是改变了，我越来越沮丧，像一个漩涡一样不断地往下沉。

在故事的前一阶段，布兰顿学习到了普通露营者永远都学不到的生存技能。但是在接近最深的洞穴时，她在精神和物质上的选择都更加有限。夏天住在车里可能会觉得非常痛苦、很不舒服。但到了冬天，温度降到冰点以下，生存难度就更大了。再加上警察这个敌人，布兰顿女士陷入了更严重的抑郁中。她陷入困境，并且仅有一个可能的出口，一个张开大嘴的洞穴，一个不可言说的未知。

◎ 磨难

后来有人介绍我去一个流浪者健康诊所。我去了。当时我已经三天没有洗澡了。我和那些排队的人一样沮丧，一样浑身充满难闻的味道，只是我没有喝醉或者吸毒。当一些排队的人也意识到这一点时——其中包括一位以前在大学任教的教授，他们问道："你不是无家可归。你到底为什么来这里？"其他流浪汉并不把我视为无家可归之人，不过我自己是这么认为的。后来，教授听了我的故事，他说："你有工作，有希望。真正无家可归的人是没有希望的。"诊所给我开的抗抑郁药有副作用，会让人有自杀倾向。我当时想："如果我自杀了，可能也没有人会知道。"

在克里斯托弗·沃格勒的作家之旅模式中，英雄必须经历与最大的恐惧的两次交锋。磨难是第一次，他称之为危机，而不是高潮。一般的危机可能是一次英雄的濒死经历、一位长者离世、一段生死相许感情的结束，或者是毁灭性的经济损失。布兰顿的情况是企图自杀，属于第一种，并且是巨大的危机。

物质和情感上的磨难向英雄提出挑战。布兰顿原本以为流浪者健康诊所是一个能让她感到舒适的环境，事实上却成了她最大的梦魇。本应是她同盟的人——诊所工作人员和其他流浪汉，却没有接受她成为他们中的一员。这样出人意料的曲折变化超出了观众的预期，同时也让这场危机更加严重，并进一步改变了她对无家可归这件事和对这个社会的看法。

◎ 回报

　　不久之后，我的一位朋友告诉我，她听到美国著名记者蒂姆·拉瑟特在全国播放的电视节目上谈到我。拉瑟特将我写的一篇关于我父亲的文章收录进了他的新书，那是我在父亲去世一年前写的。他那时在做巡回演讲，提到了我写的文章。当我发现蒂姆·拉瑟特，这位《与媒体见面》（Meet the Press）栏目的前主持人在谈论我的文章，我却住在沃尔玛停车场的一辆旅行车里时，我笑了。呵，你们也该笑笑。

　　我开始笑，因为这正是问题所在，我到底是一名作家，还是一个无家可归的女人？于是我走进一家书店，找到了拉瑟特的书。我站在那里，重新读了一遍我的文章。我哭了。因为我是一名作家，我是一名作家！

历经种种艰难的生存考验后，英雄感到筋疲力尽，但至少暂时拥有了小小的回报，比如达成了某个目标。这让他们能够恢复斗志，或完成一次情感宣泄，通常伴随着哭泣或者大笑。布兰顿就经历了一次这样的戏剧化且彻底的宣泄。拉瑟特的书收录了她的文章，这个回报让她又哭又笑。

◎ 回归的路

　　在那之后，我很快就搬回了田纳西州。有时住在车里，有时去朋友家睡沙发。而且我又重新开始写作了。

　　一切恢复后，英雄通常会主动做出选择，离开特殊世界的探索，踏上回归的路，回到原来的家或者继续前行去往新的家。在长一些的故事中，特别是那些有人类敌人的故事中，回归的路往往是逃离坏人的巢穴，或者追逐一个逃离的坏人。充满危险的征途往往会给英雄带来灾难性的逆转。布兰顿走上了回归的路，她回到了田纳西州。尽管没有戏剧性的细节描述，但你能感觉到她还没有完全脱离危险。严格来说，她的心还是无家可归。

◎ 复活

　　第二年夏天，我又成为一名新闻记者。我得了奖，住在自己的公寓里。我不再无家可归。我也不再被无视。

复活是沃格勒对英雄与死亡交锋并取得胜利的称呼，是故事的高潮。布兰顿女士选择了沃格勒所谓的"平静的高潮"。故事的高潮如此平静，观众需要猜想布兰顿缓慢的复原之路。如果她的时间充裕，还可以增加更多的细节，但因为时间有限，所以她用自己的话描述了结果。

克里斯托弗·沃格勒的原则之一就是：回报应当与牺牲成一定比例。布兰顿结束了旅程，恢复了正常生活，找到了一份得到社会认可的工作，并且有了住的地方。如果她最终成了百万富翁，或赢得了诺贝尔文学奖，那么她的高潮就需要更加戏剧化。

◎ 携万能药归来

无数的人从事着全职或兼职工作，生活在自己的车里。社会也许还会继续污蔑他们，认定住在交通工具里或睡在街上是犯罪行为。因此，那些有工作但是无家可归的人，大部分还是隐形的。但是如果你见到了，请雇用他们，鼓励他们，并给予他们希望。因为有了希望，就可以战胜一切困难。

我并不是来这里为无家可归的人做宣传，也不是要鼓励你把钱送给乞丐。我来到这里是要告诉大家，根据我的经验，人不是由他们住的地方、睡觉的地方，或者在某一时间段的生活状态决定的。

　　三年前，我住在沃尔玛停车场的一辆旅行车里，而今天，我却在 TED 做演讲。希望出路永远在前方。谢谢大家！

　　最后，英雄带着爱、自由、知识或财富等宝藏归来。这些礼物可以与他人分享，改善他们的生活。TED 演讲的万能药就是值得传播的观点。通过聆听她的故事，观众们听到了一个无家可归者的经历——即使是一个没什么特权的普通人也永远不会做的事。在此过程中，观众学会了不以貌取人。

　　每个故事都应当有一个绝对积极或者绝对消极的结尾（当然，还有第三个选择就是留下悬念，但这最好还是用在电影结尾，为续集铺垫）。有积极结尾的故事非常有启迪性，它让人们相信"我也能做到"。相反，警示寓言对于教育而言更加有效。不过，我认为快乐是比痛苦更有效的长效激励。我大部分时候都建议演讲者讲述有积极结尾的故事。故事的结论是你传播智慧的机会，而以你自己的情绪表露来收尾将增加故事的深度。

　　灾难故事可以在向从事危险职业的人灌输安全意识时使用，如建筑工人或执法人员。没有什么内容比"听着，或许你可能就是下一个因为疏忽了本可以预防的事故而死亡的人"更能引起人的注意。如果你确实讲到了一个以灾难结尾的故事，最后请用一些时间分析本来可以避免这场悲剧的方法。

最重要的是，使用积极的故事远比使用消极的故事成功，即使在理想幻灭的环境中也如此。如果可以，先承认哪里出了错，接着导向积极的结果。虽然人们确实渴望真实的演讲者和故事，但也同样渴望热情和乐趣。

伟大故事的标志是，通过诠释让观众逐层领会其中的智慧。这其中的微妙之处在于不要过于关注结果。为了让观众能够剥洋葱，你不仅要让故事拥有丰富的个性化和情绪化内容，也要拥有生动的感知细节。故事不需要多么客观。事实上，最具吸引力的故事都带有强烈的主观色彩。你要让你的情绪渗透其中，而只有在表达最深刻的情感时你才能做到这一点。

通过表演与对话让人物变得鲜活

讲故事的黄金法则是"展现，而不要讲述"。换一种说法，就是你需要通过在舞台上重新创作你的经历以重现你的故事，而不是简单地复述。故事中传达的形象应当是那些通过对话和表演展现的真实人物。

拥有弱点和复杂人性的真实人物才是所有引人入胜的故事的基础。通过确定特定的人物特点，观众会假想自己与他们关注的人是这个故事的主角。通过扮演故事人物和想象他们的反应，邀请观众进入你的故事，和你一同重历你的故事。这包含所见（姿势和动作）、所听（语言及语调），以及所指（人物特点和欲望）。

如果你没有舞台表演经历，刚开始可能会显得比较生疏，而且感觉不自在。放松的关键是，不要想太多，你只需要在故事里给角色打上聚光灯，展现每个角色的鲜明个性，这就足够了。你要知道，戏剧表演没有"正确"或者"完美"。将音量提升到你感觉舒适的状态，不要过高，这样可以让你保持真实。

不要只讲述角色做了什么，还要赋予他们动态、对话。如果对话明确表达出了一个角色在想什么、做什么或者有什么感受，反而显得不太符合现实。想想人们是如何谈话的。真正的对话会说到点子上，通过缩略、不完整的句子，甚至是一些偶尔出现的语气词"呃""比如说""你知道"来实现逼真性。真正的对话传递着感情。尽管对话可以用来分享信息，但其主要目的还是推动故事的发展，或者帮助揭示人物的优势、弱点和欲望。

如果演讲要表达角色的真实感情或欲望，真正的对话会更加有力。为了保护自尊不受伤害，角色会含糊其词，并通常会做出与实际愿望相矛盾的陈述。除了顾左右而言他和说谎，角色还会讨论象征或比喻性的话题，这些都是承载潜台词的对话形式。

每个角色都应该有鲜明的语言形式或声音，这一点无疑是合理的。通常来说，受教育程度不高的人往往说话慢，口齿不太清楚。如果演讲者是女性，那么她在重现男性角色对话的时候就需要用低音。如果角色上了年纪，那么声音就要带一些沙哑。有时，带些地方口音更能恰当地体现角色的特性。在多数对话中，每个角色的声音仅需要稍做修饰，达到鲜明可辨即可。当然也有例外，在一些轻松场合里，有些角色特征可以适当夸张。

你塑造的角色在舞台上应该有其固定的位置。当你扮演某一角色时，请你站到舞台上某个特定位置。当你需要叙述时，一个有效的技巧就是面向观众走一步，而当需要继续扮演那个角色时，就往后退一步。

借助时间、地点和氛围进行情景设定

演讲者在讲述故事时犯的最大错误，可能就是将情景设定得过于模糊。想要重现场景，并且让观众重历故事，情景设定必须有具体的时间、地点和氛围。

要么是出于天性，要么是因为听着以"从前……"开头的童话故事长大，观众需要你将故事放在一定的历史背景中。这需要尽早交代，通常要在前几句话就设定好。布兰顿女士在第二句话时就做到了："三年前……"好的故事也需要明确说明时间的推进。除了提到季节的更替，布兰顿还使用了其他时间线索，包括"后来……"和"不久之后……"尽管后面的线索比较模糊，但至少观众不会搞错时间。

布兰顿同样对场景设定进行了有力的感官描述，包括 1975 年雪佛兰旅行车的内部、流浪汉健康诊所和书店。情景设定可以涉及每一种感官：视觉、听觉、嗅觉、触觉，以及味觉。然而，保持微妙也非常重要。要避免同时用到所有感官，那会将你的陈述由精练变成华而不实。尽管知道旅行车的颜色可能会有用（顺便说一下，车是绿色的），但是，观众只要知道布兰顿女士被困在一辆 30 年的旧车里就足够了。观众可以想象出它四四方方、满是锈蚀、凹凸不平的外观。同样，她也不需要描述和一只猫、一只大型犬共同生活在一个封闭空间里的味道或声音——这些可以为观众留下想象的空间。

情景设定的最后一个元素是氛围，这是建立情绪的关键。季节、气候、光线，甚至物品都带有内在的情绪，这些都可以帮助演讲者使用更少的语言进行情景设定。

个人情感与逻辑推理的最佳结合点

或许我让你觉得，你需要讲述一个扣人心弦、关乎生死的个人故事，但实际上，也有很多 TED 演讲是关于别人的故事的。在一个特别精彩的演讲中，演讲者把深奥的学术故事讲活了。

马尔科姆·格拉德威尔是《决断 2 秒间》（Blink）和《引爆点》（Tipping Point）的作者，同时也是流行心理学的记录者，他在著名演讲《马尔科姆·格拉德威尔谈意粉酱》中正是这样做的。他值得传播的思想是"拥抱人类的多样性，可以让人类更幸福"。换句话说就是，人们不是想要意粉酱，他们想要多种意粉酱。为了证明这一点，格拉德威尔分享了一位革命性食物学家霍华德·莫斯科维茨的故事。格拉德威尔先生演讲的论点-论据提纲见表 3-2。

马尔科姆·格拉德威尔的演讲结构非常复杂，原因有两个。第一，在主要故事内，他还讲述了完整的子故事。第二，他没有做出主旨归纳，因此观众需要通过他的演绎推理链进行归纳。为了了解这一点，我们将借助表 3-1 展示的皮克斯动画的故事讲述模式以及主旨链分析技巧，来对他的演讲进行解构。在此过程中，你会发现，英雄之旅的大多数经典元素都出现在了格拉德威尔的演讲中。

第一幕：从前，有一位哈佛毕业的食物学家叫霍华德·莫斯科维茨。他每天都会在他那位于纽约州白原市的小店里称量东西。直到有一天他接到一个邀请，百事公司雇用他研究健怡可乐应该加多少甜味剂。虽然从获取的数据中提取出有用信息让莫斯科维茨大费脑筋，但也让他恍然大悟——"他们研究问题的方向不对。他们在努力寻找一种完美的百事可乐，而实际上，他们应当努力寻找多种完美的百事可乐。"但是，百事公司和其他人都认为他疯了。

扫码直达
格拉德威尔的演讲

表 3-2　马尔科姆·格拉德威尔的 TED 演讲提纲

要素	论点	论据
导论	（1）介绍霍华德·莫斯科维茨，包括他的个性、外表和职业	
A 部分	（3）软饮料的甜度或腌菜的味道都没有唯一的"完美"级	（2a）健怡可乐阿斯巴甜的故事 （2b）Vlasic 腌菜的故事
B 部分	（5）事实上，无论哪种食物，都没有唯一的、"完美"的食品配方	（4a）Prego 牌与 Ragú 牌意粉酱的故事 （4b）提及醋、芥末和橄榄油
C 部分	（7）人们无法表明他们想要什么。然而，如果你观察他们，你会发现不同的人有不同的口味。因此，没有任何单一的食物能够达到柏拉图式的完美境地	（6a）意粉酱组 （6b）浓咖啡和淡咖啡案例 （6c）Grey Poupon 芥末的故事 （6d）从对一般理论的科学探索转向变化性的研究
结论	（9）通过拥抱人类的多样性，我们将找到获得真正幸福的可靠方法	（8）雀巢咖啡的故事

第二幕：为了证明自己不是疯了，莫斯科维茨试着就腌菜表达同样的看法，但是食品界仍然不听他的。因此，他把他关于味觉多样化的结论应用到意粉酱上。最后，Prego 意粉酱的制造商金宝汤公司利用他的想法赚了上亿美元。

第三幕：从此以后，莫斯科维茨的发现在多个领域得到应用，包括芥末、醋、橄榄油和咖啡，给食品公司和消费者都带来了益处。而故事的寓意是"通过拥抱人类的多样性，我们将找到获得真正幸福的可靠方法"。

格拉德威尔在他的主体故事中嵌入了完整的子故事，这是从小说和电影中借用的高级技巧。尽管这个技巧通常以闪回的形式使用，但也可以像马尔科姆做的一样，用在自然的时间流逝中。在下面的例子中，我们用皮克斯动画的模式对意粉酱的子故事进行了解构。请注意格拉德威尔将故事主角从霍华德·莫斯科维茨转移到了金宝汤。

第一幕：20 世纪 80 年代初期，Ragú 牌意粉酱比金宝汤公司的 Prego 牌意粉酱占据更多的市场份额，前者远远领先于后者（格拉德威尔提到，70 年代的时候人们用这两个牌子的意粉酱做了著名的面盘实验）。直到有一天，金宝汤公司雇用了霍华德·莫斯科维茨来改善其产品线。

第二幕：莫斯科维茨制作了 45 种意粉酱，并开始搜集"大量人群"味觉偏好的数据。直到最后，他发现美国人可以分为三类："一类人喜欢原味的意粉酱，一类人喜欢辣味的意粉酱，还有一类人喜欢有颗粒感的意粉酱。"

第三幕：那天之后，金宝汤"彻底占领了美国的意粉酱市场，并在接下来的 10 年里，靠颗粒感系列的意粉酱赚了 6 亿美元"。这个故事的寓意是，多样化既能带来盈利又能带来愉悦的感官享受。

作为题外话，格拉德威尔在故事内嵌入故事的结构，会被他频繁使用的铺垫进一步强化。例如，在前面谈到健怡可乐的故事时，他两次提到雀巢咖啡，到后面才深入谈到咖啡的多样化。他在讲述意粉酱的故事时又提到了芥末，但在后面讲述 Grey Poupon 芥末的故事时才进行了详细介绍。

格拉德威尔非常巧妙地将他的演绎推理链编织到他的故事当中。他的推理链从"已经证实，没有完美的百事可乐或完美的腌菜"开始。这一陈述引发了如下问题："有完美的食物吗？"格拉德威尔的回答是绝对没有，其他食物也存在同样的现象。因为这一答案并没有彻底回答上一问题，所以观众会问："你怎么知道这适用于所有的食物呢？"逻辑继续延伸，因为人们并不能表达他们想要什么。然而，如果你观察他们，你会发现不同的人有不同的口味。因此，没有任何单一的食物能够达到柏拉图式的完美境界。观众最后的问题是："那么，多样化的结论对于食品科学以外的领域有意义吗？"格拉德威尔再一次做出回应："通过拥抱人类的多样性，我们将找到获得真正幸福的可靠方法。"

扫码直达泰勒的演讲

贝姬·布兰顿和吉尔·泰勒的 TED 演讲都是个人故事，没有任何刻意编造的痕迹，而且每个演讲都以意味深长的寓意做结尾。不过，也有很多演讲者把个人情感同逻辑推理结合在一起，时尚模特卡梅伦·罗素的演讲就采用了这种方法（见表 3-3）。

表 3-3　卡梅伦·罗素的 TED 演讲提纲

要素	论点	论据
导论	（2）形象虽然肤浅，但是对我们的生活有非常重要的影响	（1）换装
A 部分	（3）你为什么会成为模特？因为中了基因的彩票头奖	（4）纽约大学研究显示，仅有不到 4% 的时装模特是非白人
B 部分	（5）我长大之后可以当模特吗？不要怀疑自己！	（6）哪怕是时装摄影师都比模特有更多的职业自主权
C 部分	（7）他们会修饰所有的照片吗？是的，而且这只是整个童话世界的开始	（8）时装摄影的准备工作和后期工作的例子
D 部分	（9）你们会得到免费的东西吗？是的，而且隐形的利益会将这种不公平扩大化	（10）纽约市警察盘查的例子

要素	论点	论据
E 部分	（11）当一个模特是什么样的？它不是一份令人愉快的工作	（12）最漂亮的模特是这个星球上生理方面最没安全感的女性
结论	（13）我们能够更欣然地接受形象在我们所理解的成功和失败中所发挥的力量	

罗素在演讲开头就直奔主题：虽然形象是表面的，但它仍然对我们的生活有非常重要的影响。她的中心思想是通过一个例子展现的：她脱下高跟鞋，穿上平底鞋，将紧身迷你短裙换成及膝长裙和宽松针织衫。卡梅伦形象的改变意在揭示，形象就和人们的认知一样，可以在一瞬间完全改变。

扫码直达罗素的演讲

她演讲的正文部分非常巧妙地使用了关于她职业选择的 5 个常见问题，进而归纳出"形象虽肤浅但非常重要"的 5 个原因。她的每一个答案都很谦逊，而且和人们的直觉背道而驰。通过用照片做例证，她的每一个答案都得以强化。此外，对模特种族的专业研究，以及纽约市警察对于年轻黑人和拉丁美洲人盘查的统计数据，也有力地支持了她的中心观点。

罗素用她的观点作为开头，在结尾部分再次重

077

申观点，并与每一个例子相联系。在证明了"形象虽肤浅但非常重要"之后，她引爆了观众自我安慰的情绪：

> 如果这篇演讲能使你有所收获，我希望是，我们能够更欣然地接受形象在我们所理解的成功和失败中所发挥的力量。

上面两章我们一起探讨了讲道理和讲故事类型的 TED 演讲模式，要想在这两个极端之间找到平衡，演讲者们常用的方式是讲述别人的故事。

逻辑论证和事例组合是一篇好演讲的关键要素，同时，从"去做（行动），以至于（怎样）"的架构是包装核心思想的最好方法。但把词语组织在一起也不是一件容易的事情，下面我们将重点讨论如何用词语表达你的观点。

04

把握关键

口号、开场白、过渡与结尾

将观点精练为口号

西蒙·斯涅克在 TEDx 演讲中分享了一段他几年前的发现。他发现了一条线索，可解释为什么有些领袖和公司能功成名就，而另一些则黯然失败。斯涅克没有将这个秘密留给自己，因为他毕生的追求就是"鼓励别人，让他们做能够鼓励自己的事情"。

斯涅克和大家分享的这个秘密就是他提出的"黄金圈"理论。他给出了一个极具说服力的案例。普通人和普通公司会从他们在"做什么"开始分享，如果我们幸运的话，还会听到他们分享一些成功的做法。相反，激励型领袖和杰出的公司首先会分享他们从事当下工作的理由，然后再告诉大家他们做这些事情的方式，却把他们在做什么留

扫码直达
斯涅克的演讲

到最后。斯涅克钟爱的一个例子就是苹果公司。苹果的理由是让每一个人都能够改变现状。苹果采用的方式是以主流消费者能接受的价格设计杰出的物理和数字体验。苹果所做的则是让电脑和数码产品尺寸多样、形状丰富、色彩各异。

斯涅克的理念其实并不新鲜，就是数十年前风靡一时的使命宣言的基础，但他将新生命引入了旧理念，再加入新故事，并以一种新方式传播，鼓舞了无数人。斯涅克的第一个妙举就是将这种理念精炼成了优雅的"黄金圈"理论，即想象一个箭靶，"做什么"在外圈，"怎么做"在中圈，"为什么做"在内圈。伟大沟通者的工作方式就是由内而外。

尽管"黄金圈"这种说法匠心独运，但还是无法引起爆炸式的传播效果。设想一下，有一个人走过来对你说："嗨，你想知道在工作和生活中取得成功的秘籍吗？"当你正襟危坐准备吸收智慧时，他来了一句："其实很简单，就是'黄金圈'理论！"想必你会大失所望。如果不加以解释，"黄金圈"理论的意义是很狭隘的，它不会号召你付诸行动或是改变你的观点。

但是斯涅克在 TED 演讲中用了一个新技巧（演

讲的整体结构见表 4-1）。他将他的理念精炼成了一句响亮的口号：从"为什么"开始。顺便提一下，这也是他的《纽约时报》畅销书的名字——那本书是他的 TED 演讲内容的扩展。"从'为什么'开始"这几个字非常明确地告诉你，当前需要做什么才能成为一个更能激励人心的领袖。

表 4-1　西蒙·斯涅克的 TED 演讲提纲

要素	论点	论据
导论	（2）所有杰出领袖和卓越组织的信息传达都是由内而外的：先分享理由，接着是方式，最后才揭示做什么	（1）有关苹果电脑、莱特兄弟，还有马丁·路德·金的一系列研究
A 部分	（4）人们关心的不是你做什么，而是做的理由。因此你应该尽可能与志同道合的人一起经商	（3a）"反苹果"vs 苹果 （3b）"黄金圈"理论的依据来自脑生物学和功能学
B 部分	（6）志同道合的人可以和你同患难，共欢笑	（5）塞缪尔·兰利 vs 莱特兄弟
C 部分	（8）与你志同道合的人能吸引更多理念相似的有识之士来扩大革新队伍，使这一理念被大众市场接受	（7）美国电视录制技术公司（TiVo）vs 马丁·路德·金
结论	（10）不只是领袖，普通人也一样。 "从'为什么'开始"的领袖更能够激励人心，因为愿意追随他的人也秉承这一理念	（9）如今的政客们 vs "从'为什么'开始"的领袖

◎ 控制在 3 ~ 12 个词

是什么成就了伟大的口号？第一个特点就是要短小精悍。最好用 3 个词来概括，但是也不一定非得局限于此，3~12 个词都是可以接受的。斯涅克在他的演讲中使用了 3 个口号。第一个口号是 12 个词："People don't buy what you do；they buy why you do it."（人们不关心你做了什么，他们更在意你为什么这样做）。第二个口号有 6 个词："（Sell to, hire, and attract）people who believe what you believe."［（卖给、雇用和吸引）信你所信的人］。当然，三个口号中最简洁的还是"从'为什么'开始"，区区几个字就简洁明了地概括了"领袖从'为什么'开始（再分享怎么做，最后揭示做什么），可以激励更多的人"。

这个方法在演讲的各个领域都非常适用，包括政治领域。看一下奥巴马的口号你就能感受到了："Hope and Change"（希望和变革）；"Pass this bill"（通过这项法案）；"We can't wait"（我们不能再等了）；"Yes we can"（是的，我们行）。

◎ 以行动为中心

让人印象深刻的口号的第二个特点是，它能够发出一个明确的行动信号。包括"从'为什么'开始"在内的许多口号都以动词开头。下面这几句口号尽管在某些内容方面略显过时，却拥有相同的结构："追寻自己的幸福""把握今天""说出真相"。

任何长度的口号都可以是以行动为中心的，比如斯涅克最长的口号："人们不关心你做了什么，他们更在意你为什么这么做。"也许从观众的角度看，这句话不算以行动为中心（如果是的话当然更好），但是这种表述确实创造了一种人们在采取行动的画面。

当你使用了一句两段式的口号时，同第一段相比，第二段通常相对积极。就像幽默表达一样，置于末尾的是有冲击力的词或者短语。"人们不关心你做了什么"就是一个能激发人们的思维去探索的否定表述，"那么接下来，他们该如何做？""他们更在意你为什么这样做"满足了观众迫不及待获得答案的需求。如果斯涅克说的是"人们在意你为什么这样做，而不关心你做了什么"，就不会有同样的吸引力。

◎ 富有韵律

斯涅克口号中的"人们不关心你做了什么"还体现了第三个特点：节奏感。它们听上去音调优美，韵律感强，因此非常响亮。要真正理解韵律的质感，需要有基本的语法知识（拥有语法知识会让你理解起来容易一点儿）。为了让措辞听上去音调优美，可以在连续的从句开端（首语重复）或者末尾（尾语重复）重复一个单词或短语。狄更斯在《双城记》中用这种方法给读者留下了极为深刻的印象。

> 这是最好的时代，这是最坏的时代；这是智慧的时代，这是愚蠢的时代；这是信仰的时期，这是怀疑的时期；这是光明的季

节，这是黑暗的季节；这是希望之春，这是失望之冬；人们面前有各样事物，人们面前一无所有；人们正在直登天堂，人们正在直下地狱。简而言之，这个时代跟现在非常相像，某些最喧嚣的权威坚持要用形容词的最高级来形容它。说它好，是最高级的；说它不好，也是最高级的。

这么一大段确实令人抓狂，其实绝大多数人真正记住的只有第一句：这是最好的时代，这是最坏的时代。字数相当于之前我们提到过的让口号保持在 3~12 个词准则的最大上限。如果你想让演讲听上去更具文采，可以尝试使用首尾语重复的方法。简单来讲，就是在连续从句的开头重复单词和短语，结尾同样重复（一般是不同的单词和短语）。斯涅克的"人们不关心你做了什么，他们更在意你为什么这样做"还使用了另一种"反复"的修辞手法，就是在一句话的不同部分重复同样的词。

如果觉得上述方法太过烦冗，那么只要让你的口号富有韵律就好，这绝对是常用常新的好办法。

◎ 至少重复 3 次

一句好的口号能够充分代表值得传播的观点，短小精悍，以行动为中心，并且合辙押韵。因此，通过至少重复 3 次的方式，你便能让它根植于观众的脑海之中。绝大部分演讲者会在演讲的开端、中间以及末尾申明这一口号。

斯涅克重复他的两句较长口号达 6 次以上。但值得注意的是，他最有影响力的口号，甚至成为他代表作的口号"从'为什么'开始"，只出现了一次，并且是在他演讲的最后一句。

那些能够做到"从'为什么'开始"的人具有这样的能力，他们能够激励身边的人，或是找到能激励自己的人。

我在想，如果斯涅克意识到这句口号会变得如此风靡，他可能不会重复其他口号，而直接重复六七次"从'为什么'开始"。

使用一句引人注目的口号，将意思明确的信息打包其中，能够推动这句口号的广泛传播，这样你也就能够顺理成章地踏入高级演讲者的行列了。接下来，我们将视线转向如何打造你的演讲。

开场是观众注意力的最高峰

文学作品的结构不是限制灵感的条条框框，而是创造力的充分释放，采用 5 - 7 - 5 韵律的俳句和十四行诗便是最好的例证——它们变化多端，魅力无限。同样的道理也适用于演讲的打造。无论任何时候，演讲都应该有清晰的开头、主体部分以及结论，其精妙之处就在于如何布局。

必须指出的是,演讲的前一二分钟,甚至前一二十秒,是观众参与程度最高的时刻。如果观众被其他蝇头小事分神,就很难重建兴趣。下面所列的小技巧能满足你在开场中要达到的一系列目标。

- 告诉或暗示观众专注听你的演讲能获得什么益处,从而快速吸引他们的注意力。最具吸引力的演讲是和观众息息相关,并且能让他们更健康、更快乐、更成功的。
- 建立与观众的情感纽带。可以通过多种途径建立,但最有效的是真诚的开场白和自曝弱点。
- 引发笑声。
- 确保主题清晰,能够引出或揭示出你值得传播的观点。
- 让观众感觉到你的演讲结构清晰。不是要提供全篇预览,而是要给出让观众感觉有转变的信号点以及有可期待的东西,制造一种层层推进的感觉。比如你可以说:"我将回答三个提问最多的古生物学问题。"

根据会场氛围随机应变

大多数时候你都想直奔演讲主题，可有时候也许事与愿违。无论你选择哪种方式开场，都会受到会场气氛的影响。世界级的演讲者都会在演讲开头不遗余力地调动会场的气氛，而在余下的时间引导观众的情感变化。有时候，气氛太过紧张或者放松，演讲者就需要说一段开场白。在文学和戏剧中，开场白包含起决定作用的细节，它会给出有关人物性格和相关环境的背景故事，这些东西能够让观众在第一时间把握情节。

在 2006 年的 TED 大会上，我感觉当肯·罗宾逊发表他关于教育改革的演讲时，正襟危坐听了太多演讲的观众已经有些筋疲力尽了。就算演讲再激动人心，轮番轰炸下来也着实很累。因此，在罗宾逊面前的是一群绷得很紧的观众。罗宾逊先生用了下面这段幽默的开场白释放压力。如果你也要做一个风趣的演讲，在前 30 秒就抛出一个与之前内容相关的笑料是极其重要的，这能够一下子吊起观众的胃口。而肯·罗宾逊先生仅用了不到 10 秒钟就达到了这个目的。

扫码直达
罗宾逊的演讲

早上好。你感觉如何？简直太棒了，对吧？我已经被完全搞晕了。事实上，我的心早飞了。（大笑）整个大会已经有3个主题和我要讲的东西相关了，是的，3个。其中一个仅仅从其丰富性和所涉及的范围来看，就充分证明了众多的演讲和全场所有观众的创造性。而另一个则是有关未来的，它把我们弄得完全不知道将来会发生什么。

罗宾逊先生不仅使用了幽默的手法，还借鉴了另一种与观众互动的方式——开头回顾。通常，你会在脱口秀中看到开头回顾，演员为了拉近和观众的距离，会提及先前的一个让观众忍不住大笑的笑话或者主题。主题演讲中的开头回顾成为你的演讲内容和之前演讲内容的良好纽带。如果在你之前没有其他演讲者，开头回顾时你可以提及时下热点、登台前遇到的观众或者会场的一些状况，并且把你最直观的感受表达出来。就像罗宾逊先生一样，他在开头回顾讲的那段话就好像是在与观众拉家常，让观众觉得自己很特别，觉得即将发表的演讲同样也是为他们量身定做的。

肯·罗宾逊先生采用开头回顾的目的是更好地引起观众的共鸣。在 TED 演讲中他提到了一本即将出版的书，他当时暂将其命名为《神迹显现》（*Epiphany*），书中采访了发现自己才能并借此获得成功的人。三年后该书出版，定名为《让天赋自由》（*The Element*）。我们从这本书里摘出了下面一段话，从中可以了解为什么罗宾逊先生如此重视开场白。

在一大群人中间发掘并表达观点是我乐此不疲的事情，每当这时，时间好像总是走得很快。无论一个屋子里有 10 个人、20 个人还是成千上万的人，我都甘之如饴。在第一个 5 ～ 10 分钟内，我用心体会室内气氛，尽量尝试抓住那里正确的能量场。开始的几分钟时间可能会过得比较慢，但一旦找到了正确的切入点，所有事情都会豁然开朗。

如果感觉有点儿紧张，可以选择在开场白中适当地延时沉默。当你要讲非常严肃的话题，但观众并不清楚接下来会发生什么时，也可以用这个办法。不过这种情况比较少，我还从来没有在 TED 演讲中见过——大多数演讲都有一个好题目，而且内容引人入胜。在别的论坛我倒是见过这种方法，比如 2000 年国际演讲会世界冠军埃德·塔特就是这方面的大师。他是一个非裔美国人，在演讲中引用了他经历的种族仇恨的故事。在这一段非常具有影响力的讲述后他沉默良久。在呼喊出内心深处的声音时，他面无表情地静静站立了 10 秒钟。10 秒钟不算太久，你可以尝试在观众面前使用。观众和你可能都会感觉不太舒服，但沉默确实具有惊人的力量，也是演讲工具箱里最出人意料的气氛制造者。你应该学会谨慎使用。

另一个惊艳的开场白技巧是让观众设想他们在一个特定的环境或

扫码直达罗伊的演讲

情境中。这会让你的演讲在第一时间和观众建立起私密的情感纽带。在分享有关刚出生的婴儿如何获取知识的研究成果之前，麻省理工学院的研究员德布·罗伊邀请 2011 年 TED 大会的观众想象在一个新奇的社会实践中的生活状态（演讲大纲见表 4-2）。

表 4-2　德布·罗伊的 TED 演讲提纲

要素	论点	论据
导论	（1a）开场白：想象你可以摄录自己的生活 （1b）我在每个房间里都放上录像机，每天录影 8~10 小时，坚持了三年，目的是研究儿童学习语言的过程	
A 部分	（3）护理者必须把语言简化，以匹配儿童的语言能力	（2）我儿子说了 18 个月"gagagagaga"之后，终于学会了说"水"
B 部分	（5）语言发展中的感官内容很关键	（4）"水"一词的使用和厨房活动相关
C 部分	（7）越来越多的数码追踪为理解和应用内容与环境之间的关系提供了新的可能性	（6）内容消费，比如电视，带动了社会媒体语言的发展，也带来了更多消费
结论	他儿子成长第一步的录像	

　　想象你能摄录自己的生活——你说的每一句话，做的每一件事都能在指尖操作下完美留存，这样你就可以回到过去，找到值得纪念的瞬间并且再次体验；或是在时光的流逝间精挑

细选，发现之前没有留意的生活方式。其实早
在五年半以前，我的家庭已经在体验这种生
活了。

引人入胜的三种开场方式

演讲开场的方式有许多种，我将和大家分享
TED 演讲者使用过的引人入胜的三种，它们采用了
与观众互动的方式。这三种开场中，最成功的是以
故事开场的方式。

◎ 以有针对性的故事开场

我总结出了一个关于以故事开场的演讲的精华
版。第一，你的故事应该是私人的。讲自己的故事
并分享自己的感受。不过，在你的故事中让别人成
为主人公也是一个不错的选择。第二，确保故事和
你的中心思想密切联系。第三、第四和第五，让你
的故事充满感情且感性十足，建立丰富的对话。故
事应该具有针对性，能让观众跟着你重新经历当时
的场景。

扫码直达约翰的演讲

知名学者、作家理查德·约翰在他的 TED 演讲

开头部分展示了使用个人故事的力量。

　　　　这是一个真实的我曾给高中生做过的两小时演讲，现在缩短到 3 分钟。故事发生在七年前我来 TED 大会的飞机上。坐在我旁边的是一个高中生，还没有成年，她来自一个非常贫穷的家庭，很想有所成就，于是她问了我一个简单的小问题："怎样才能成功？"当时我觉得很尴尬，因为我无法给出一个很好的答案。然后我下了飞机，来到 TED 大会。我想，天哪，我身边坐满了成功人士，我为什么不问问他们成功的秘诀，再告诉那个孩子呢？

　　你是否想象自己坐在飞机上。当你听到一个来自贫穷家庭的小女孩问理查德成功的秘诀时，有没有转过头偷偷听他们的谈话？有没有感受到理查德无法回答这个问题时的失落？有没有感受到他未来准备帮助这个孩子的热情？或者自私一点讲，你是不是对约翰发现的成功秘诀充满了好奇？

　　值得注意的是，理查德·约翰的 TED 演讲短小精悍，只有 3 分钟，而 TED 演讲允许的最长时间是 18 分钟。如果有更多的时间，他应该可以增加更多细节和对话。女孩的名字是什么？她长什么样子？发生在一个没人陪伴的未成年人和一个 40 岁事业刚起步的商人之间的略显尴尬的对话是怎样开始的？你要注意根据时间选择要讲述的细节，就像理查德一样。

TED 演讲的秘密

理查德·约翰的演讲提纲见表 4-3。关于个人职业成就的深入研究，他在演讲中给了一些深入浅出的讲解。我建议大家读读他的书《成功的 8 个秘诀》（*8 to Be Great*），深入了解一下这份建立在研究基础上的独到见解。

表 4-3　理查德·约翰的 TED 演讲提纲

要素	论点	论据
导论	（1）开场白：在我来 TED 大会的飞机上，一个高中生问我，"怎样才能成功？"我回答不出来。为了给她一个答复，我花了 7 年时间，做了 500 份采访	
A 部分	（2）激情	（3）弗里曼·托马斯和卡罗尔·蔻丽塔的名言
B 部分	（4）努力工作	（5）鲁伯特·默多克的名言
C 部分	（6）通过不断练习获得提高	（7）亚历克斯·戈登的名言
D 部分	（9）专注力	（8）诺尔曼·杰维森的名言
E 部分	（11）通过自我怀疑和勤奋逼自己努力	（10）戴维·加洛、戈尔迪·霍恩和弗兰克·盖里的名言
F 部分	（13）服务他人	（12）许尔文·努兰的名言
G 部分	（15）信念	（14）比尔·盖茨的名言
H 部分	（17）坚持	（16）乔·克劳斯的名言
结论	（18）做好以上 8 件事，你将成功	

◎ 以震撼人心的事实开场

除了以故事开场，另外两种开场方式也具有同样的效果，并且蕴含强大的冲击力。我们先介绍第一种：震撼开场模式。震撼人心的开场白在绝大多数情况下依赖有力的数据资料，因为数据可以表达鲜明

的观点，冲击传统思维。关键在于你的观点一定要引爆大多数观众的情绪。你只说了一个"什么"，观众就迫不及待地想知道为什么、怎么做、具体时间和地点。在 2010 年的 TED 演讲中，知名厨师、营养学家杰米·奥利弗就很好地使用了这种方法（他的演讲提纲见表 4-4）。他的开场白是这样的：

> 令人遗憾的是，在接下来我演讲的 18 分钟内，将有 4 个美国人因为他们食用的食物而离开人间。我叫杰米·奥利弗，今年 34 岁，来自英格兰埃塞克斯郡。在过去的 7 年中我夜以继日地工作，只为能用自己的方式拯救更多生命。我不是医生，我是一个厨师，没有昂贵的仪器和药物，我能运用的是知识和曾经接受过的训练。我坚信食物在日常生活中处于最主要的位置，甚至是我们生活中幸福的最大来源。

奥利弗通过揭露一个震撼人心的事实紧紧抓住了观众：每天因食物丧生的人简直不计其数，而且不是在占世界一半的发展中国家里，是在美国。观众席上的大多数人肯定都想知道今天午饭后自己还能不能活下去。这就是统计数字的力量，更何况这件事与每一位观众都息息相关。生存是人类最基本的需求。奥利弗先把生存和死亡提出来，然后让观众屏息静气等待发现，为什么会发生这种事情，以及如何继续活下去。

表 4-4　杰米·奥利弗的 TED 演讲提纲

要素	论点	事例
导论	（2）让我们在美国开启一场"食物革命"，彻底改变全球肥胖传染病	（1a）在美国，与食物相关的疾病是最大的杀手 （1b）肥胖传染病已经蔓延到很多国家
A 部分	（4）肥胖是可以预防的	（3）西弗吉尼亚州亨廷顿市的患病故事
B 部分	（6）肥胖症的根源 （a）加工食品 （b）缺乏烹调知识	（5a）餐厅、家庭和学校的大多数食物都是不健康的 （5b）孩子们甚至不会辨认生的蔬菜
C 部分	（8）我们可以通过以下方式解决肥胖症 （a）公司和政府的责任 （b）针对家庭的食品教育	（7）亨廷顿厨房每月使用25 000 美元为 5 000 人提供健康食品
结论	（9）如果美国成功解决肥胖症，其他国家就会纷纷效仿	

◎ 以有影响力的问题开场

用一个有影响力的问题开场是第三种可靠的演

讲开场方式。比如，杰米·奥利弗可以这样开始：
"为什么每天会有320位与你一样的美国人，因为自己食用的东西而与世长辞？"

如果你想采用这个办法，我建议你使用"为什么"问句和"怎样"问句。目前来看，"为什么"问句是最有效的，它激起了我们与生俱来的好奇心，我们想更清楚地了解这个世界。一旦我们清楚事情是如何发生的，就会思考如何让好事源源而来，让坏事消灭在摇篮之中。如果知道了原因，就可以用"怎样"问句开场。再以奥利弗先生的演讲为例，他可以这样引导观众："你如何防止自己吃的食物杀死自己？"

扫码直达
斯涅克的演讲

在我为杰米·奥利弗用"为什么"问句和"怎样"问句重构的开场中，你是否留意到我多次暗中使用了"你"这个词？这个神奇的字把一个好问题变成了一个优秀的问题，因为它让观众进入了自我反省模式。"你"会让他们开始思考自己和自身所处的周边世界。

西蒙·斯涅克的演讲开场是我见过的TED演讲中最具震撼力的问题开场。下面是他演讲的开场白，这个开场白为人们提了一个用"怎样"问句开场的框架。

当事情的发展出人意料时，你如何解释？或者换句话说，当其他人出人意料地取得成功时，你怎么解释？比如，为什么苹果公司如此具有创新性？年复一年，它比所有的竞争对手都更具创新性？它只不过是一个电脑公司，和其他电脑公司一样。它们通过同样的渠道雇用同样的人才，同样的代理商，同样的顾问和同样的媒体，问题是，为什么它们看起来总是那么不一样？同样，为什么是马丁·路德·金领导了民权运动，他并不是唯一一个在《民权法案》出台前在美国遭到歧视的人，而且他也不是历史上独一无二的伟大演说家。为什么是他？为什么有那么多人资质比莱特兄弟优秀、赞助资金比他们更多，可最后是他俩发明了载人的飞机？为什么是莱特兄弟击败对手获得成功？其中肯定暗藏玄机。

用一个问句作为开场白已经足够有震撼力，但是斯涅克选择用一连串"为什么"轰炸观众。这种

097

霸道的"为什么纠缠法"非常有效。当然，使用时也必须小心翼翼。为了在开场中成功使用一连串疑问，你必须保证问题的答案是一致的。如果我这么开头："为什么天空是蓝色的？为什么一个翻滚的石头没有沾上任何泥巴？为什么大象如此害怕老鼠？"估计观众早就云里雾里了。

斯涅克利用这样富有趣味的问题成功吸引了观众。

> 三年半前我有了一个惊人发现，它彻底改变了我关于这个世界如何运行的看法，它甚至极大地改变了我生活和工作的方式。我发现了一种模式，世界上所有伟大的领袖和组织——无论是苹果公司，马丁·路德·金，还是莱特兄弟，他们的思维、行动和沟通方式都如出一辙，而与其余所有人都完全不同。我所做的只是将其编撰归类，它可能是世界上最简单的观点。

为了再次吸引观众，斯涅克的开场安排了他演讲中三个重要的部分，这一点很重要。观众知道他们将听到关于苹果公司、马丁·路德·金和莱特兄弟为什么会成功的故事。

很多演讲者使用的告诉观众接下来会讲什么的手法很笨拙。如果斯涅克也用这个套路，那他就会这么讲："今天，我将告诉大家有关苹果公司、马丁·路德·金和莱特兄弟的事情。首先，我们来谈谈苹果公司……"简直味同嚼蜡！斯涅克把主要框架隐藏在问题之后，使得演讲更显雅致得体，你不妨一试。

三段论开场方法

演讲的开场要引发观众的思考，暗示他们仔细听演讲能获得的收益。演讲的结尾应该给观众明确的愿景承诺，并告诉他们达到目标需要花费的时间。

很长一段时间我都采用这三种开场法中的一种："在接下来的45分钟，我将和大家分享幸福的三个秘诀。"这是一种指明益处的很好的方法。"我将会分享"（I will share）的说法远好于"我将会告诉"（I will tell）。但是，它也存在一定的问题。

- 第一，它是以演讲者为中心，而不是以观众为中心。这种说法表明我将要做什么，而不是你将从中得到什么。
- 第二，它的感官传达效果不是很突出，而演讲开场的重中之重在于为观众提供演讲结构的视觉隐喻。

考虑到这两点，我将说法调整为："从现在开始到45分钟后，当你踏出这扇门时，你将在你的工具箱里装上三样有关幸福的东西。"这种说法以观众为中心，因为它提示观众关注我的演讲，可以从中发掘三样有关幸福的东西，而且伴有以行动为导向的未来愿景。

引人注意的记忆法，比如首字母缩略法或者类似于"三样东西"的结构法能为观众提供简洁易懂的演讲脉络。在演讲开场时一定要克制欲望，不要讲出每一个字母代表什么意思。观众的乐趣就在于一步

099

一步地在演讲中发现答案。

我对数字"三"有一种偏爱，觉得它是最稳定的数字。你可以有三个步骤、三个主题、三项策略、三个建议、三项技术、三种工具。如果你质疑这项经验法则，请考虑以下情况。史蒂芬·柯维让每个人知道了高效能人士的七个习惯，那么你可以具体讲出来吗？《圣经》里有十条戒律，美国宪法修正案中有十条权利法案，杰克·韦尔奇到处传播有关领导力的"四E法则"……你都能说出它们的具体内容吗？好好想想吧。

那些糟糕的开场

既然有无数开启演讲的方法，那么请尽量避免一些糟糕的开场，不要重蹈前人的覆辙。TED大会无疑会对TED. com上分享的视频进行层层把关，但是你可能没留意，它对选取的视频进行了编辑，去掉了口语或者令人尴尬的、带有侮辱性或攻击性的内容。因此，你不可能找到糟糕的TED演讲开场。

虽然如此，我们仍然可以从中发现一些应引以为戒的缺点，下面是一份简单的列表，说明了哪些雷区是不应该触碰的。

- 不要引用一个你未曾谋面的名人的话——即便和内容相关，也只是陈词滥调。
- 不要用笑话开场，原因同上。

- 不要用任何可能会对观众造成哪怕只是轻微冒犯的内容开场。
- 不要用呆伯特漫画开场——如果每次看到这样的开场我就能得一美元的话，那我早就发财了。
- 不要用"感谢你……"开场——你如果想感谢观众，把它放在最后。
- 不要用"在我开始……之前"开场——你既然已经开始了，就不必这么讲了。

避免观众参与式开场

有另外一种开场的方式，怎么看都是一个糟糕的创意，这就是所谓的活动开场。网上有一个关于塑造魅力型领袖的优秀演讲，演讲者的陈述技巧可以说是完美无瑕，但开场实在令我不敢恭维。演讲开始时，他请观众们起身，把手放在胸口，转身，然后向前走一步。接下来，他说，你们现在可以回去向老板汇报了，如果老板问起今天的演讲如何，你就可以理直气壮地告诉老板"非常好"，因为演讲者让"大伙站了起来，触及了大家的心灵，改变了大家的想法，还指明了正确的方向"。这是一个很讨巧的小把戏，但如果你仔细观察观众，他们的身体语言说明他们意识到自己被耍了。

当然，每一项法则皆有例外。如果你的热身活动可以表达核心思想，让观众参与其中，而且诚意十足，那么这个活动就是有效的。这

方面的例子有 TEDxFiDi 女性大会上的雷吉娜·托马肖尔，她的中心目标很明确，鼓励女性拥抱快乐，叩响权利、热情、激情和创造力之门。伴随着扬声器里播放的歌手皮普保罗的一曲《我知道你需要我》，托马肖尔被三个男人抬上了舞台。被放下后，她开始舞动并且尖叫："大家一起来，跟着我跳！"随着镜头的移动，你可以看到观众席上的人们立刻站起来，随音乐节奏形成了舞动的人潮。音乐停下来之后，她说道：

> 是不是很有趣呢？你喜欢这样吗？你知道刚刚我在做什么吗？我正在用一氧化碳洗涤你们的身躯！知道为什么吗？因为每当我们有愉悦的经历时，就会出现许多生理现象。30 秒的快乐会使血液氧气充足，流通顺畅。一氧化碳释放后就会出现这些神经递质，包括 β 内啡肽和催乳素。

托马肖尔的热身活动和主题是百分之百吻合的。她喊出了她的热情和目的。

开场完成后，就需要自然过渡到演讲主题。我们接下来要讨论的内容就是如何在演讲中过渡。

用过渡为演讲承上启下

　　想象一下，你如何把一个腹中胎儿变成知名小说家。事情可能会从两个知识分子的结合开始发展，他们在重点大学里交往，步入婚姻殿堂。接下来如果足够幸运的话，孩子在两岁时开始阅读。你用西方文学经典滋养她，从莎士比亚、洛克到海明威。也许到了 7 岁，她就可以为自己之前阅读并喜欢的故事设计情节、背景和人物，开始学着写作。

扫码直达
阿迪契的演讲

　　这是尼日利亚作家奇玛曼达·阿迪契 2009 年 TEDGlobal 演讲的开场。表 4-5 给出了她的演讲提纲，她的观点是"一群人仅有一个故事是不够的，因为我们要更好地理解和接纳每个个体的多样性"。换句话说，她的演讲给我们敲响了一记警钟，她反对将人物从积极的个人和社会关系中抽离。她的演讲是这么说的："单一故事是成见的根源，成见的问题在于，它不是不真实，而是不完整。它们让每一个故事变成了唯一的故事。"

表 4-5　奇玛曼达·阿迪契的 TED 演讲提纲

要素	论点	论据
导论	（1）主题回顾：单一故事的危险性	（2）我在两岁时开始阅读英、美作家写的儿童读物
A 部分	（4）小孩对故事很敏感且易受影响	（3）7 岁时，我参考之前读过的西方作者的风格和观点开始写作
B 部分	（6）阅读不同类型的作者写的书，可以帮你避免迷失在如何写作的单一故事中	（5）之后我发现了非洲作家，他们书中的人物是我所熟悉的
C 部分	（8）认识更多的朋友能避免偏听偏信，避免凭单一故事下定论	（7）我曾经狭隘地以为我家的用人是贫穷的，直到我去了他所在的村庄才发现事实并非如此（9）我的大学室友读了 1561 年的西方文学后，总觉得所有的非洲人都是需要被同情的
D 部分	（11）偏听偏信的人可以从单一故事中汲取力量	（10）我有一则关于墨西哥人都是移民的单一故事
E 部分	（13）成见的问题在于，它不是不真实，而是不完整	（12）幸福和冲突相伴相生的成长故事
结论	（15）"当我们拒绝单一故事，当我们意识到任何地方都不可能只有单一故事，我们将重回天堂"	（14a）如果我有不止一个关于墨西哥的故事，事情会怎么样？（14b）如果我室友有不止一个关于非洲的故事，事情会怎么样？

　　阿迪契女士在演讲中带领我们从她孩提时代阅读西方文学经典启程，到发现非洲作家，再到美国大学生涯，最后踏上前往墨西哥的旅程。她的演讲中让人印象最深刻的是她在过渡时回顾并预告下一部分主题的技巧。一个 18 分钟的 TED 演讲，每一部分大概是 5 分钟。在这种情况下，你必须总结每一部分使用的故事或揭示的事实。

在演讲的 A 部分，阿迪契揭示了她是怎样成为如何写作的单一故事的牺牲品。她笔下的人物拥有白皮肤、蓝眼睛，在雪中玩耍，吃苹果，而生活在尼日利亚的她和她的非洲朋友却是在烈日下玩耍，吃芒果。过渡到 B 部分时，她运用下面的技巧娴熟地进行总结并做出预告：

（过渡时的回顾）我觉得，这说明了当我们，特别是小朋友，在面对一个个故事的时候，是多么的敏感和易受影响。因为我当时读过的所有书里面的人物都是外国人，所以我坚信，书里必须有外国人，必须有我个人无法体验的东西。（停顿）

（过渡时的预告）不过，在我接触到非洲书籍之后，事情发生了改变。非洲的书籍不太多，也不像其他国家的书那么容易找到。

请注意，她的过渡清楚地告诉观众可以从中汲取的观点——人，特别是小孩，对于阅读过的故事是很敏感的。由于注意力集中时间有限，观众可以分成三类：在你演讲时经常走神的人和从座位上走开的人；一直在听但是没有足够时间消化所讲内容的人；少数既听了你的演讲又对你的信息进行了加工的人。如果你能够总结演讲重点，大家都会非常感激。

同样，请注意，她的过渡预告和她的过渡回顾一样巧妙，而且非常精准。阿迪契女士给观众的感觉是在接触到非洲书籍后，她的写作也开始出现变化。像所有优秀的故事讲述者一样，她为观众提供了恰到好处的幽默，成功激起了他们对下一部分的兴趣。

在上面的过渡中，阿迪契回顾了刷油漆的故事和她成长过程中阅读英国书籍的经历。在说出过渡回顾"不过，在我接触到非洲书籍之后……"之前她停顿了一下。至少两三秒钟的停顿会为观众带来很多东西。

- 第一，让观众有时间抓住上一部分的准确信息。
- 第二，观众可以把这个转折点同整个演讲的逻辑联系起来。
- 第三，稍长时间的停顿是一个清楚且体面的语言信号，表明你将转入下一部分。
- 第四，这可能是最关键的，观众可以利用这个空当，把你所讲的同他们的个人体会联系在一起。

阿迪契过渡部分的语调相对柔和，与主要部分的激昂语气形成了对比。她的过渡自然而雅致，也清楚地向观众释放了她将对比非洲文学和英美文学的信号。

除停顿和语调转变等语言信号外，演讲者还可以用视觉信号提示观众将要转折。最好也最简单的视觉提示是移动到舞台的其他地方。阿迪契女士和大部分做 TED 演讲的文学作者一样，站在讲台后面并使用笔记，很遗憾，这限制了他们用动作作为视觉提示的能力。无论是好是坏，她低下头看笔记的时候确实提醒了观众将要转入下一部分。

设想你将要建一座房子，在垒墙和搭屋顶之前肯定要先打下合适的地基。第一间房屋可能有点儿简陋，露在外面的支撑结构柱也坑坑洼洼，但你可以确保它能立住。随着经验的增加，你知道了形式是为功能服务的，知道了该如何把想隐藏的部分藏起来，把想表现的部分展示出来。你可以追随 20 世纪极简抽象派建筑师密斯·凡·德·罗（Mies van der Rohe）的极简主义，也可以使用古根海姆博物馆建造师弗兰克·盖里的解构主义。

演讲者的路径和建造师的路径非常相似。演讲者从组织中学到的第一件事是搭建框架，为楼房打基础——这意味着你得告诉观众，你将会讲什么；接着讲内容，讲完之后还要再次告诉他们你刚刚讲了什么。演讲新手在这方面往往表现得相当机械。他们的演讲通常是这样的：

（开头）为什么有的水果能拯救你的身体而有的水果让你变胖？从现在开始，10 分钟后，走出会场大门的你将带着一份必买超级水果清单，因为它们经过充分论证，有助于延长寿命。

（过渡回顾）这三种水果是巴西紫莓、枸杞和石榴。

（过渡预告）让我们共同了解一下第一种超级水果，也就是巴西紫莓的益处。

同缺乏结构的演讲相比，这是一个非常可靠的开头。观众很明确演讲者将会谈些什么，他们也做好准备要被说服为什么吃这三种水果能让人更长寿和更健康。不过问题也很明显，整体结构感觉有点儿太刻意了。让演讲更上一层楼的关键是在其中加一点儿过渡的佐料。

想想上面超级水果的过渡示例，演讲者第一时间就揭开了三种超级水果的名字，给出了太多的信息。更好的方法应该是用陈述或者是提问题的方式让观众自己思考，同时让他们渴求更多的信息。例如："如果你知道有三种超级水果能给你更健康、更长寿的生活，你会怎么做？如果你知道这些水果便于购买，可以加在早餐、中餐和晚餐的菜单中，你会怎么做？"这些问题会让观众做好准备仔细聆听是哪三种水果，然后加到购物清单里。水果的面纱被一一揭开的过程，也是成功勾起观众兴趣的过程。最后，为你证明这些水果确实能够使人长寿的观点开启了大门。

好的过渡能精准地回顾前一部分，同时能巧妙地预告下一部分。它还能给观众提供宝贵的时间，将刚才所讲的内容同演讲的整体逻辑联系起来，并同个人经历联系起来。

在学会开场和过渡之后，下面将关注演讲总结的重要技巧，这些技巧可以激发观众在听了你的观点后去思考和感受，并开始付诸行动。

用结尾表达清晰的中心思想

现在到了编写结尾的时候了。如果你提供了清晰的信号来说明即将转入演讲的结尾部分，观众自然会提高注意力。因此，这时语言的使用非常关键。你当然可以用"总而言之……"来结尾，但也可以做得更好。比如，你可以说："我们来到了今天旅途的终点，同时也是你未来的起点……"或者："现在到了你们该做决定的时候了……"

布琳·布朗是休斯敦大学社会工作学院的教授，她演讲的结尾部分是我在 TED 大会上听过的最有力的结尾（演讲提纲见表 4-6）。布朗的目标是让人们改变观念，把自己的脆弱从痛苦的源头变为力量的源泉。她教观众拥抱弱点，过上自己满足也令他人高兴的生活。在结尾处她这样强调自己的观点。

扫码直达布朗的演讲

但是也有另一种方法，我把它留给你。我发现：把自己展现在人们面前，让大家可以清楚地看到哪怕是自己脆弱的一面；用我们的全部身心去爱，尽管这无法保证而且确实很难。作为父母，我可以告诉你，害怕的时候想练习

表 4-6 布琳·布朗的 TED 演讲提纲

要素	论点	论据
导论	(1a) 序言：在事先的安排中说服主持人，将其介绍为"讲故事研究员" (1b) 介绍整体主题时"扩大认知"	
A 部分	(3) 社交赋予生命意义	(2) 我的研究表明，害羞影响社交
B 部分	(5) 有勇气接受脆弱，让你更了解自己	(4) 我的研究表明，那些感觉自己被爱包围的人觉得被爱是值得的
C 部分	(7) 你不能选择性忽略情绪：快乐和挣扎是绑在一起的	(6) 我支持治疗专家所言，我能挣扎着尝试主动拥抱脆弱
结论	(8) 接受了你的脆弱，你会对自己和他人更友善	

感恩和愉悦是非常折磨人的，因为我们都想知道："我能这样爱你吗？我能毫无疑问地相信这种激情吗？我可以如此狂热吗？"停下来别想了，不要小题大做，而是告诉自己："我心怀感激，因为能感受到自己的脆弱，证明我还活着。"最后一点，我觉得也是最重要的一点，就是要相信"我已经拥有了很多"。因为当我们在一个让人觉得"我已经拥有了很多"的环境中工作时，我们会停止咆哮，开始聆听，我们会对周围的人变得更友好、更温柔，也会对自己更友好、更温柔。

这就是我想和大家分享的，谢谢。

请注意，布朗使用了不止一个，而是三个过渡性短语来表明她将要进入结尾部分："但是也有另一种方法"，"我把它留给你"和"我发现"。在说这些过渡性短语时，语气上的停顿可以将之与先前的内容隔开，同时也吸引了观众的注意。

这里是 10 个最知名的 TED 演讲者表明演讲即将进入结论的例子。在阅读的过程中请注意他们每个人是如何使用下面一个或者多个模式的：最后的想法或例子，值得汲取的东西，行动号召以及美好未来。

扫码直达赞德的演讲

- 本杰明·赞德："所以现在我有最后一个想法，能让我们所讲的话完全不一样……"

- 邦克·罗伊："我想结束的时候可以说，你们再也不用去别处找答案了。"

扫码直达罗伊的演讲

- 卡梅伦·罗素："如果这篇演讲能使你受益，我希望我们能够欣然接受形象在我们所理解的成功和失败中所发挥的力量。"

扫码直达罗素的演讲

- 德布·罗伊："因此，我想留给大家一个我的家庭生活中的难忘瞬间，这是我儿子第一次

扫码直达罗伊的演讲

扫码直达
奥利弗的演讲

扫码直达泰勒的演讲

扫码直达约翰的演讲

扫码直达
桑泽兰德的演讲

跨了两个台阶,我用胶片记录了下来……"

- 杰米·奥利弗:"我知道一个英国人站在这里,在你们所有人面前谈这些显得有点儿奇怪。我只能说,我是一个父亲,我热爱这个国家,我深信,如果改变可以在这个国家发生,全世界将会有越来越多美好的事情……"

- 吉尔·泰勒:"我们是谁?我们是全宇宙的生命力,身躯敏捷,心智发达。我们每时每刻都有选择的权利,选择我们在这个世界的角色和作用……"

- 理查德·约翰:"因此,重要的是——问题的答案很简单……"

- 罗里·桑泽兰德:"引用两句话来结尾。第一句是……"

- 萨尔曼·可汗:"现在想象一下事情发生在……"

- 苏珊·凯恩:"现在我要留给你们三件对于你们的行动有帮助的事情,留给那些愿意分享这份愿景的人……"

一种有效的表明结尾的方法是缩短你的句子,

并显得更有激情。用"你，我们，大家"来代替"我"。优秀的对手是伟大，因此我斗胆在这里修正一下几近完美的布朗的演讲。如果可以做小小改动的话，我会用第二人称"你"代替她的第一人称"我"。

扫码直达可汗的演讲

卡伦·沃克的处女作小说《魔昼》（*The Age of Miracles*）出版那天，她在 TEDGlobal 发表了演讲。这本书以一个青春期女孩的口吻讲述了一个以世界末日为背景的成长故事。全书主题表达了一种质疑：爱与希望是否能战胜未知。尽管她的小说具有虚构类作品的含糊意味，但她在 TED 演讲中提出了直面风险以做出更好决策的实用性观点（演讲提纲见表 4-7），题目为《我们能从恐惧中学到什么》。

扫码直达凯恩的演讲

作家，特别是虚构类作品作家，是将 TED 舞台变得优雅的最有效率的演讲者。沃克将她拥抱恐惧的逻辑论述编织在一个 200 年前的海难事故中，这个事故也是赫尔曼·梅尔维尔著名的《白鲸记》（*Moby Dick*）的蓝本。直到结尾，沃克才陈述了下面的演绎式观点：我们没有用足够的时间来思考恐惧的意味；如果认真思考，我们会把它视为想象的礼物，而非弱点；这份礼物能让我们得以窥见未来的样子；但是，我们必须将丰富的想象力同科学

扫码直达沃克的演讲

论断结合起来，以做出更具效率的决策。她恰到好处地把整体逻辑同有力的结尾糅合在一起，从而成为一个鼓舞人心的、以观众为中心的思想。

表 4-7　卡伦·沃克的 TED 演讲提纲

要素	论点	论据
导论	（2）我们知道自己恐惧什么，但是没有花足够的时间思考恐惧背后的意义	（1）1819 年，一搜捕鲸船沉船之后，20 个海员不得不挤在 3 艘救生艇上等待救援
A 部分	（4）如果我们把恐惧当成想象力的神奇灵感而不是需要克服的弱点，事情会变得怎样？	（3）我在加利福尼亚长大，总是对杀手、地震和藏在床下的怪物充满恐惧
B 部分	（6）恐惧是我们给自己编织的故事，让我们为未来做足准备	（5）20 个海员得在 3 个距离一个比一个远的终点之间做出选择，同时还得担心同类相残、暴风雨和饥饿的困扰
C 部分	（8）为了在面对恐惧时做出有效决策，我们必须把丰富的想象力同冷静的科学判断结合起来	（7）海员们选择了最远的路线，但是几乎一半的人死于饥饿
结论	（9）我们的恐惧是想象力的神奇灵感，可以运用在文学和现实中	

也许如果我们都尝试去解读自己的恐惧，就能少被其中的一些幻象所迷惑。也许到时候我们就能少花点儿时间担心连环杀手和飞机失事，多花点儿时间关心那些微妙且缓慢发生的灾难：动脉血小板的逐渐堆积，逐渐改变的环境。如同文学作品中描述最细腻的故事通常是最精彩的故事一样，我们最细微的恐惧可能也是最真实的。用正确的方式解读就会发现，恐惧就是想象力送给

我们的精美礼物，具有惊人的洞察力，当还有时间影响未来走势时，它可能是窥探未来的一种方式。用正确的方式解读，我们的恐惧能和我们最喜欢的文学作品一样给我们提供宝贵的东西：一点点智慧，一点点洞悉，以及对最玄妙东西——真相的诠释。谢谢！

值得注意的是，卡伦·沃克的结尾并不是乏味的总结报告。除了连环杀手、飞机失事和动脉血小板，她聪明地抑制了在结尾介绍新东西的欲望。最后以"也许如果我们都尝试去解读自己的恐惧"结尾，与演讲开头"我不确定我们是否花费了足够的时间思考，我们的恐惧意味着什么"巧妙呼应。

如果你的演讲提出了一个改变的理由，那么结尾就是你鼓励观众、改变他们的观点，或号召他们采取行动的最后机会。为了达到这个目的，必须制造一种紧迫感。既然改变是困难的，那么就为观众提供简单的下一步行动方向，让他们今天就可以朝着积极的方向行动起来。如果有必要，你可以用这样的句子打恐惧牌："失败的后果就是……"

布琳·布朗的结尾非常亮眼。它富有感染力，直击人心且感情充沛。通过触碰自我怀疑的软肋，她用问题加剧了观众的紧张感。紧接着她立刻提供了鼓舞人心的肯定："我已经拥有了很多。"当你感觉受伤时，你立刻反应过来并告诉自己："我已经拥有了很多。"这就是她的最简单有效的行动号召，每个观众都可以立即使用。

卡伦·沃克为我们提供了一种面对消极情绪时强有力的回应。观众能轻而易举地立刻采用这项建议，提高他们自我满足的程度。

你可能已经注意到了，布琳·布朗和卡伦·沃克都是以"谢谢"结尾的。关于从口中说出的最后一句话是否应该是这两个字，人们激烈地争论了很久。支持者说这是表达感激的结束动作，能增进与观众的联系。批评者反驳说这句话偏离了演讲的中心，是整体的一个小瑕疵。他们说得都有道理。所谓的正确答案并不存在，我能告诉你的是，几乎所有 TED 演讲者都是以一句"谢谢"结尾的，所以你不能不遵守这条不成文的规定。还有一种可接受的选择是奈杰尔·马什所做的关于平衡工作与生活演讲的结尾："我认为这就是一个值得传播的观点。"

现在，你已经接触到了所有优秀 TED 演讲者身上的最佳实践和经验，同时也拥有了打造值得传播的观点的素材。

在继续介绍如何做 TED 演讲之前，我还要分享一个重要的想法。虽然没有严谨的数据研究做支撑，但我仍坚信内容才是王道。你的目标应该是成为一个能演讲的专家，而不是一个专业演说家。能演讲的专家主要关注内容，专业演说家则把大把时间花在完善演讲过程上。一个充满智慧的原则是，你的演讲必须"足够好"，能同你的内容相适应而不是相背离。花哨的东西太多或太少都会分散观众的注意力。几乎所有最流行和最具影响力的 TED 演讲，都是由以思考和写作为生的人传递的，这也从一个侧面证明了上述想法。当我知道他们中的很多人都认为自己内向，对公开演讲充满恐惧时，我其实一点儿也不吃惊。

然而，如何解释 1967 年阿尔伯特·梅拉宾、苏珊·费瑞斯和莫顿·维纳的研究成果呢？他们认为沟通是 7% 的内容加上 38% 的语音语调，再加上 55% 的肢体语言。事实上，这个法则一直被误解了。这项研究意在统计这三种要素的影响，看其如何影响观众对于演讲者的感受，究竟是很喜欢、一般喜欢，还是不喜欢。梅拉宾后来也写道："除非一个人在讲他的感觉或态度，否则这个公式是不适用的。"应该从这项研究中汲取的正确的东西是，演讲技巧应该与内容和谐一致，这就是那个值得传播的观点，我们将在第二部分重点介绍。

演讲者
"燃爆"现场的技巧

· 调动情绪

· 善用工具

· 其他准备

2

调动情绪

语言技巧与非语言技巧完美配合

充分调动"演讲六情绪"

最容易被记住的演讲者都是会充分调动观众情绪的人，不过，很少有演讲新手愿意花时间弄明白到底什么是情绪。如果你只是试图简单地往情绪层面上靠，那么可能根本就无法达到目的。

为情绪分类可不是一件小事情。保罗·艾克曼和罗伯特·普拉切克两位知名学者对此有着相似却不完全相同的观点。通过研究不同文化类型下的面部微表情，艾克曼确定了六种情绪：愤怒、厌恶、恐惧、愉悦、悲伤和惊讶。普拉切克则在他的著作《情绪之轮》（*Wheel of Emotions*）中提出了八个成对出现的情绪：快乐—悲伤，信任—厌恶，恐惧—愤怒，惊讶—期待。

虽然没有一种系统理论与你的情绪完全合拍，但是我发现将两种情绪混合对提升演讲效果最为有效。我的"演讲六情绪"包括愤怒、厌恶、恐惧、快乐、喜爱和悲伤。我去掉了"惊讶"，因为它是一种稍纵即逝的情绪，而且人们在消化惊讶的过程中，会将之快速转化为其他情绪，去掉"期待"也是同样道理。同时，我把"信任"变成了"喜爱"，因为"喜爱"更有力，在公开演讲中也更容易引出其他的情绪（《情绪之轮》将爱视为快乐和信任的混合物，但我们都知道爱可以独立于其他任何情绪而存在）。

让我们看一下朋克音乐家阿曼达·帕尔默是如何在TED演讲中触碰人们内心的（演讲提纲见表5-1）。她最值得传播的观点是："无私地给予，大胆地求助，这样爱就会在社区组织中重建。"

扫码直达
帕尔默的演讲

- 愤怒："有时候我会感觉受到骚扰。开车路过的人会冲着我大喊，'去找一份正经事儿干吧！'"
- 厌恶："我喜欢告诉人们，我把这个（街头雕像艺人）当成一份工作，因为每个人都想知道，这些怪人在生活中会是什么样子。"
- 恐惧："有时候我会为了找一张床过夜而发推

表 5-1　阿曼达·帕尔默的 TED 演讲提纲

要素	论点	论据
导论	（2）做一名街头表演者让我能更好地走进大众，学到很多实用的东西，而且得以谋生	（1）大学毕业 5 年后，我成了一位名叫"8 尺新娘"的街头雕像艺人
A 部分	（4）我继续向观众求助以和人们保持接触，并进行艺术创作	（3）最终我辞职了，开始和德累斯顿玩偶（Dresden Dolls）一起全职巡演
B 部分	（6）陌生人要比你想象的更慷慨、更可信	（5）推特的到来让你的求助变得更容易
C 部分	（8）让人们为艺术付费并相信他们，好过强迫他们付费	（7）知名唱片公司和我们签约之后立刻甩了我们，因为我们"只"卖出了 25 000 张专辑。因此，我们决定免费分发专辑以筹集自愿捐款
结论	（9）尽管科技可以帮艺术家在社区积累人脉，但面对面地去帮助别人、大方分享更为重要	

文，有时候我会在夜里按响下东区某户人家的门铃。这个时候我总是想到我之前从来没有独自做过这些事。我总是和我的乐队成员在一起。这就是笨蛋们做的傻事吗？他们就是因此死去的吗？"

- 快乐："与此同时，我的乐队变得越来越强大。我们和一个知名唱片公司签约了。"
- 喜爱：我认为做沙发客和空中传人（把某人从

人群头顶传递下去，通常发生在演唱会之类的场所）在本质上是同一件事，你会被观众掌控，而且你们相互信任。

• 悲伤：" 所以我对与人邂逅的印象最为深刻。特别是那些孤独的人，他们看起来几星期都没有和任何人讲过话了⋯⋯ "

充分激发观众的想象

启发观众最有效的方法之一就是促使他们进行深刻的自我反省。观众参与你的故事或想法的方式越具体，他们改变世界的可能性越大。幸运的是，确实有一个神奇的词能触发大脑——想象，它将所有的事物可视化。

陈珍（Jane Chen）在 2009 年的 TEDIndia 大会上分享了一个理念：这是一种适用于发展中国家的，可以挽救无数早产儿生命的低成本早产儿保育器。她的演讲这样开场：

请大家闭上眼睛，伸出双手，想象一下你们手上可以放些什么：一颗苹果，或是你的钱包。现在请睁开眼睛。如果放一个小生命呢？

扫码直达陈珍的演讲

当问道"如果放一个小生命呢"的时候，陈珍打开了一张安妮·哥蒂斯的照片，照片里一双饱经风霜的手掌托着一个小婴儿。这个例子中的问题很抽象，但是照片的应用使之变得特别，并且注入了情感张力。大多数时候，让人们的想象力天马行空、任意驰骋是非常好的选择。这也解释了为什么书永远都比改编的电影好。

陈珍用"想象"一词强化了会场中观众的活动。然而，更有效地使用想象力的方法是邀请你的观众出现在你的故事中。比如，你可以这么开始："想象一下，如果我遇到我妻子的那天你和我在一起……"

在要求观众开始想象后，你必须给他们一段时间让他们创造出一个视觉化的形象，或者是在大脑中搜索合适的记忆。这需要至少 3~5 秒，而这么长的时间通常会让很多演讲者觉得不舒服。

外行的演讲者只关注视觉，而专业的演讲者要求观众想象，他们会力求调动观众所有的感官——视觉、嗅觉、触觉、味觉和听觉。例如："想象一下，当我第一次来到纽约的时候，你和我在一起。来自

125

中西部小镇的我确信每一个街角都会遇到抢劫犯。你是不是觉得每一个街角都危险重重？在闷热的8月，街道上出租车的尾气和摩肩接踵的行人的汗味让人窒息……"

"想象"这个词无论是出现在演讲结尾还是开场，都一样有分量。在结尾时，让人们用你那鼓舞人心的内容去描绘他们的生活。"想象一下，明天早上你带着对朋友的怜爱之心醒来，生活会变得怎样；想象一下，明天早上你带着对家人的怜爱之心醒来，生活会变得怎样；想象一下，明天早上你带着对自己的怜爱之心醒来，生活会变得怎样……"

"想象"一词可以把观众带入你的故事，或者鼓励他们设想自己过去或未来的生活。当把观众带入你的故事后，必须巧妙地提供那些能调动他们五大感官的内容。但如果你只是想让观众想象他们自己，则不用提供太多细节，就让他们在自己的思绪里自由驰骋即可。

当你下一次发表演讲的时候，至少让你的观众想象两次。演讲开场的想象可以把每一位观众引入一个鲜活生动的故事中。演讲结束时，请观众想象一下你的内容可以给他们的未来提供的各种美好可能。现在，试想一下你的演讲将会是多么的激动人心……

善用脆弱的力量

有一个不成文但大家心照不宣的规定：当我们逐渐长大，就要变成一个完美的机器人，情绪不能写在脸上。可是当我们和自己喜欢的人在一起时，不论是积极情绪还是消极情绪都可以随性表达。这种深度交往的开放性才是支撑我们生活的主要力量。

给观众留下最深刻、最持久印象的演讲者都会把观众当成自己的密友。通过在台上释放最愉快和最脆弱的时刻，他们将自己带到了情感控制的极限边缘。阿曼达·帕尔默就是这方面的高手，但是吉尔·泰勒似乎比她还要略胜一筹。说最后一句话的时候，她的声音开始颤抖，眼泪开始流淌。当观众起身的时候，组织者克里斯·安德森走上台给了泰勒女士一个拥抱。为了分享她那值得传播的观点，泰勒绝对是竭尽所能。

扫码直达泰勒的演讲

上面的两个例子都是女性演讲者在情感边缘挥洒的故事——那是不是意味着这项法则男性不适用

呢？由于文化规范不同，男性必须更加努力，才能恰如其分地表达出能连接观众的各种情绪。

2009 年 1 月 15 日，载有 155 名乘客的美国航空公司 1549 航班在纽约市拉瓜迪亚机场起飞，不到 3 分钟，两台引擎就因撞上加拿大雁群而失灵。好在故事的结局还不错，冷静理智的机组成员选择降落在哈得孙河。等待救援的 6 分钟对所有人来说都是一次恐怖的回忆。在这次飞机事故中幸存的里克·伊莱亚斯两年后有机会在 TED 发表了他的演讲（演讲提纲见表 5-2）。在谈及家人时他不禁动容：

扫码直达
伊莱亚斯的演讲

> 那种悲伤源自一个想法，那是我唯一的心愿，我只希望能看着我的孩子们长大。

说起这段话的时候，伊莱亚斯的声音变得温柔，同时放慢了语速，他停下来整理情绪以便能继续演讲。这种真实情绪的流露，成为他演讲的关键性时刻。正因为他打造了一条和观众紧密连接的情感纽带，才使观众接受了他那个值得传播的观点。

表 5-2　里克·伊莱亚斯的 TED 演讲提纲

要素	论点	证据
导论	（1）飞机两台引擎均失灵，飞行员大喊"准备着陆"时我的脑海中闪现了三件事	
A 部分	（3）生命可能在瞬间改变，所以想做的事情要马上去做	（2）"如果酒已备好，朋友在旁，我就会把酒打开。"
B 部分	（5）摆脱生活中的负能量	（4）我有时候会以自我为中心，而且在错误的人身上浪费时间
C 部分	（7）我人生中的唯一目标就是当一个好父亲	（6）死亡并不可怕，它只是一件令人悲伤的事
结论	（8）不要等到飞机失事才想到要去改善与其他人的关系，才想到要去做最好的父母	

用语言吸引观众的五个技巧

◎ 修辞让语言更生动

　　哈佛商学院教授艾米·卡迪在她的 TED 演讲中分享了一个简单却重要的观点："做任何有压力的事情之前用两分钟时间摆个充满力量的姿势，会有更好的结果。"她演讲的提纲参见表 5-3。

　　同时，她还使用了很多修辞来提高语言表达的生动性。下面有一些词你可能不太熟悉，不过看过例子应该就能够理解了。

扫码直达卡迪的演讲

　　• 元韵（assonance）和尾韵（consonance）：是

指快速连续地重复同一个音节 2~3 次。元韵是指元音的重复，尾韵是指辅音的重复。与"stand big and tall with your head high and your arms outstretched"（头抬高，双臂伸直，立正站好）相比，艾米·卡迪女士的尾韵"power posing"（充满力量的姿势）给人的印象要深刻得多。

- **首语重复，尾语重复及首尾语同时重复**：我们在前面的章节中提过，首语重复是指在连续短语或句子的开头使用同样的词。尾语重复的规则同首语重复一样，只是重复的词放在了短语或句子的结尾。也会有首尾语同时重复的情况出现。艾米·卡迪下面的句子使用了首尾语重复：We don't want to prime them with a concept of power. We want them to be feeling power.（我们不想让他们仅了解力量的概念，更要让他们感受到力量。）

- **反复法**：在两个连续的句子里，后一句句首重复上一句句末的词。艾米·卡迪教授抛出问题时使用了这个方法：We know that our minds change our bodies, but is it also true that our bodies change our minds?（我们都知道思维能改变身体，那身体能不能改变思维呢？）

- **三合一（bendiatris）**：用三个词语或短语表达同一个意思。艾米·卡迪在演讲的开头抛出了一个问题，然后用三个可互换的例子做出回答："所以，从某种程度上讲，你们当中有多少人蜷缩着身子，或是弓着背，还跷起二郎腿，抑或将脚踝摆在了一起？"

除了这几种修辞方法，押韵和短语、句子重复法也是强调关键信息的经典方法。

表 5-3　艾米·卡迪 TED 演讲提纲

要素	论点	论据
开场白	（1）我将为大家提供一个免费的、没有技术含量的、只占用你两分钟的生活技巧，它将极大地改变你的生活	
导论	（3）我们都很清楚一个概念：我们一直在用身体语言评价别人，同时也在被别人评价	（2）政客们让人印象深刻的非语言失态案例
A 部分	（5）非语言能量有时候可用于部分解释学校中不同性别学生的表现差异	（4）动物通过舒展肢体变得高大来展示力量和统治地位
B 部分	（6）我们的思维改变身体	（7）在采用了这个方法之后，灵长类动物的睾酮素水平升高，皮质醇水平下降
C 部分	（8）我们的身体改变思维	（9）摆了两分钟充满力量的姿势的人们表现出了更多的风险承受力，皮质醇水平降低25%
结论	（10）在做任何压力很大的事情之前用两分钟时间摆个充满力量的姿势，将会有更好的结果	

◎ **事分三类观众才容易吸收**

普林斯顿大学心理学家乔治·米勒在 1956 年发表了一篇具有开创性的文章，题为《神奇的数字 7±2》。在文中他概述了一项实验，该实验的目的是测试人们第一次吸收并交流不同数量信息的准确度。

多年后，人们开始尝试着验证被称为米勒定律的上述说法的正确性：人们能否有效地在记忆中处理 7±2 个项目数。尽管数字 7 已经扎根于传

131

统观念中，但科学家始终认为不存在某一个神奇的数字。我们可以记忆的项目个数取决于每条信息的大小、信息之间的关系和个人认知能力。

随着现代脑功能成像技术的出现，有三位学者向神奇的数字发起了挑战。詹妮弗·萨摩菲尔德，德米斯·哈萨比斯和埃莉诺·马奎尔找了 19 个被试，让他们在听几组短语的同时，构建意识中的想象场景。每个短语包括一个描述词和一个名词。比如，某一组中的三个短语为"一条深蓝色的地毯"，"一个抽屉上有雕刻图案的柜子"和"一支有橙色条纹的铅笔"。他们进行了 3~6 组测试，同时用脑功能磁共振成像技术观察被试的脑部活动。此外，他们让被试用按键来表示他们感受到的测试难度、想象场景的生动性和对测试项目整体的理解程度。研究员有两个重要发现。

第一，脑部活动在脑核心区域持续增加，直到有第三个元素加入。随后，脑部活动会瞬间保持稳定。

第二，受试者用最容易想象、最生动和最完整的三个短语来构建想象场景。

如果你想知道这件事和公开演讲有什么关系，答案就是詹妮弗·萨摩菲尔德、德米斯·哈萨比斯和埃莉诺·马奎尔研究的事情正是演讲者可以使用的规则。事分三类的原则是有科学依据的。

◎ 发问将演讲变成对话

在演讲的每个部分你都应该频繁地向观众发问，让他们将演讲内容同自己的生活相联系。这种技巧会将一场演讲变成一次对话，而观众能更深刻地将内容留在脑海中。在小型的论坛上，你甚至可以现场征求口头回答。

艾米·卡迪在她长达 20.6 分钟的演讲中（是的，她超时了，但似乎没有人介意）问了 40 个问题，大约每分钟 2 个。在评论者看来，大多数最受欢迎的 TED 演讲者的发问频率是每分钟 0~2 个问题，平均是 1 分钟 1 个多。因此，卡迪教授似乎超标了。

有一些演讲者会故意问一些使观众为难的问题，这类问题一般是这样开始的，"你觉得……的秘诀是？"演讲者希望观众大声喊出错误的答案或者在脑海中想好答案，因为犯错是想听到真相的强有力的推动因素。尽管心理学家的理论基础是正确且有效的，但我还是不建议使用这种技巧，因为那不是一种有同情心的演讲实践。在你的演讲过程中，观众可能会体验消极情绪。我们应该知道情绪应是自然流露的，而不是刻意设计好的。

不过，好在有更好的提问方法让观众参与进来。艾米·卡迪使用了 4 种方法：

- 投票："你们当中有多少人蜷缩着身子？"
- 寻求信息（亦称为问题贴标签）："在在线谈判中使用各种表情符号，这不是一个好主意，对吧？"
- 启发思想："花几分钟时间摆个充满力量的姿势真的可以有效改变我们的生活吗？"

133

- 制造悬念："如果我正在教室里观察这种行为，我会注意到什么？"

前两种方法，投票和寻求信息，是封闭式的问题，没有错误答案。后两种方法，启发思想和制造悬念，意在鼓励观众在日常生活中使用演讲中谈到的内容，或者调动他们的想象力。

最后需要提醒的是，发问之后要暂停并点头，以表示理解了观众没讲出的想法。虽然观众无法口头表达想法，但这种做法仍将制造一种双向对话的氛围。

◎ 数字与细节最具感染力

记得要解释清楚每一个统计数字的意义，特别是那些大的数据，最好用生动形象、富有感染力，并且与个人相关的类比或比喻来说明。我发现用一个统计数字开头，然后让它变得富有针对性是最有效的方法。比如：下面这句话中数字与对比的结合比单独使用其中一项更有力量：

> 每天，有 7 000 万美国人与他们的心脏疾病共同生活。你或者坐在你身边的三个人中就有一个可能死于心脏病。

用特别细致的统计数字来解释统计结果并不是让抽象的数字变得简单形象化的唯一途径。艾米·卡迪这个社会科学家的世界里充满了令人费解的数字，我们来看一下她是如何巧妙地将干涩的激素百分比变成富有感染力的语言的：

> 这里是我们有关睾酮素的新发现……充满能量的人会多分泌20%，而能量不足的人则会少分泌10%。接下来，我们可以从皮质醇中发现什么呢？充满能量的人会少分泌25%，而能量不足的人则会多分泌25%。因此，两分钟引起了激素的变化，要么让你的大脑坚定、自信和舒适，对压力做出更好的反应；要么，你懂的，感觉整个人都被压垮了。

你的语言表达超越演讲技巧，深入到你的每一个用词中。要提升观众的兴趣，就要大量使用生动的、描述性的、感官性的细节。视觉、听觉和味觉是最容易囊括进来的。在某些情况下，你甚至可以将味觉和触觉交织在一起。与让观众脑海中形成具有冲击力的画面感相比，你为语言堆砌付出的代价简直再小不过了。艾米·卡迪在结尾中对观点的概括就非常具有画面感：

> 微小的调整会导致巨大的变化，这就是两分钟的神奇所在。两分钟，两分钟，只要两分钟。在进入下一个压力环境时，请大家尝试一下，用两分钟，在电梯里，在浴室里，在门后的书桌旁调整自己。

135

◎ 巧用代词拉近与观众的距离

戴尔·卡耐基在他 1936 年的经典之作《如何赢得朋友及影响他人》中说过："记住，一个人的名字对他而言是这个世界上所有语言中最甜蜜、最重要的词。"我第一次阅读卡耐基的书时，就被这句话深深吸引了，同时我也在思考，当面对众多观众演讲时，应该如何运用它。在观众超过 10 人时叫出每个人的名字显然是不现实的，所以我想我们可以尽可能多地用单数形式的"你"来拉近和观众的距离。

但是，这个技巧也有缺点。如果你曾经和一个反复提起你名字的销售员谈过话，一段时间后你就会觉得对方好像高人一等似的。同理，一个激励型演讲者不停地告诉你你该怎么做之后，观众也会有同样的感觉。简单的解决办法就是要像在平常的一对一谈话中那样使用代词。例如，在讲述个人故事和表达观点时用代词"我"，在提问题或者号召大家行动时用代词"你"。

关于这方面的例子，大家可以看看 TED 演讲者里克·伊莱亚斯是怎么做的。他每分钟使用代词"我"和"我的"的次数超过 14 次，是大多数 TED 演讲者的两倍。其他演讲者在讲述自己故事时平均一分钟用 7 次"我"或者"我的"。伊莱亚斯先生经历过一次飞机意外，演讲中他用第一人称详述了当时的内心世界。

我说："爆炸吧。"我不想飞机碎成 20 片，就像我们在某些灾难纪录片中看到的那样。但在下坠的过程中，我忽然感觉死亡其实并不可怕，好像我们一生都在为它做准备。但不管怎么样，这是件悲伤的事情。因为我不想死，我热爱我的生活。

为了精准地分享故事的寓意，伊莱亚斯先生在演讲的最后一部分将人称从"我"变成了"你"：

你会怎么改变？去做哪些事，那些你以为什么时候去做都还来得及的事？你会如何改善你的人际关系和其中的负能量？而且更重要的是，作为父母，你尽力了吗？

根据记录，伊莱亚斯先生在一分钟内使用"你"或者"你们"的频率达到了 4 次。这是大多数 TED 演讲的平均值。记住，如果你正在构思你的演讲，请不要计算代词的次数。在这一点上，我们无法找到一个可以适用于每类演讲的黄金比率，更不要说其中的某一类了。相反，演讲者应该注重强调讲故事、分享信息和呼吁大家采取行动的用意。

演讲的目标是让每名观众都尽量参与。为了实现这个目标，要小心使用"你"的复数形式，比如"你们都""你们每个人""你们所有人""你们中的一些人"。同样的道理适用于将你和观众包含到一起的词，比如"我们"。不要说"你们中的多少人……"，要问"你有没有……"，或是"如果你曾经……请举手……"

伟大的演讲家需要使用最通俗的语言，这是一个亘古不变的道理。一个演讲者的工作是要同观众情感相通，从而激发他们用不同的视角来看待世界。演讲者打动观众的方式并不是借助华丽的辞藻。如果你在演讲中消耗观众的认知能力，那么你很快就会发现无法与观众建立起真正的联系。演讲是为耳朵设计的，而不是眼睛。

由鲁道夫·弗莱什设计、彼得·金凯德开发的弗莱什－金凯德年级水平算法（F-K grade level）在 1978 年得以首次使用，它被用于测定美国军方的技术手册难度，现在则成为微软 Word 文档中可读性统计功能的基础（在 Word 的选项中可以找到）。

其实，艾米·卡迪准确达到了用最简洁的话语表达观点的目的。用 F-K 算法来测算的话，受欢迎的 TED 演讲分值范围为 3.7~9.6。艾米·卡迪的分值是 6.1，比平均值 6.6 要好。

同一般人的想象不同的是，F-K 的分值不是建立在词典词库的基础上，比如系统是无法识别出 genre（类型）、chord structure（和弦结构）、improvisation（即兴创作）这些更书面化的词语的，它们比 type（样式）、harmony（和声）、creativity（创造性）这些词要复杂。指数高通常是因为两个简单的原因：第一个是长句；第二个是文章包含很多多音节词语。记住，观众喜欢短句子。

当走上讲台后，演讲者就要把自己变成观众最亲密无间的朋友，而不是表现得过于专业或聪慧。因为这样往往会起到反作用，断开与观众联系的纽带。所以，演讲时要用日常用语。

可能一个演讲新手犯的最大的错误就是把自己武装得太专业而且显得太一本正经。这种做法会让人在演讲中失去日常交流中的幽默。

幽默元素开启大笑模式

◎ 基于优越感的幽默

为了弄清楚如何有效地在演讲中加入幽默，我们首先必须深入研究一下笑背后的心理。目前，尚没有广泛一致的观点可以解释人们为何会笑。关于人类发笑的原因有三种观点，这三种观点既互为补充，又有所重叠。

第一种观点认为，笑是为了表明自身的优越感。很多幽默都恰巧落入这个类别，包括嘲笑做出糟糕决定的人，或讥笑行为古怪的人。当人们处于某个权力位置，或符合某种特定行为模式时，比如有些人的政治立场正确，但有些人不是的时候，这种幽默的效果就会显现出来。基于优越感的幽默的恶意层级是可以不断上升的，开始是文雅的模仿和嘲讽，然后是适度的挖苦，最后上升到刻薄的侮辱。

友情提醒一下，分析解说会破坏幽默的效果。思考一下社会学家汉斯·罗斯林 2007 年关于全球经济发展的 TED 演讲，他瞄准了学术精英：

　　某天深夜，我在写总结报告的时候对自己的发现有了真正的

139

扫码直达
罗斯林的演讲

认识。我用一道题证明了瑞典大学的优等生们在统计学上对于世界的了解竟然还不如大猩猩……我还不太道德地把这个测试题拿去给卡罗林斯卡学院的教授们做——他们是负责颁发诺贝尔医学奖的，结果，教授们和大猩猩半斤八两。

我们喜欢把权威扳倒，因为这会给我们带来一种优越感。当然，这样也会导致一些残忍而且带有冒犯性的幽默。这在 TED 演讲中是应该避开的，在日常生活中也是如此。不过，有些人还是可以在"政治立场正确"的情况下加以调侃的，比如学者和政客。

◎ 使用出人意料元素的幽默

第二种观点认为，人类之所以会笑是由于惊讶。人类在经历转折时会感到开心，比如事情超出预期和感觉时。我们来看看乔·帕斯奎尔讲的笑话："看，这是我的学步梯。好吧，其实真正的那个在我 3 岁的时候就离开我了。"帕斯奎尔在当时的演讲中展示了一个梯子。下面这个笑话更棒，你如果对数学一窍不通，那么就需要思考一下这个来源不详的笑话："一个自变量不需要变量，也可以自我感觉良好。"在这两个例子中，幽默元素都是来源于出乎意料的转折，这挑战了观众预期会听到的内容。

列举几个可以用这种观点加以解释的幽默，如十足的谬论、糟糕的建议、夸张或闹剧、反讽、双关或文字游戏、神经喜剧、肢体动作喜剧、夸大其词及轻描淡写。人们总是乐见这种诙谐的不一致。

夸大事实也很容易引人发笑。最简单的方法是将一个寻常人放在非同寻常的环境里，或把一个非同寻常的人放在一个寻常的环境里。这种例子包括若无其事地面对极度危险的状况，或者是对轻微的违纪行为小题大做，还有就是不屈不挠地坚持做无用功。例如，迄今观看次数最多的 TED 视频演讲者肯·罗宾逊爵士将一个非同寻常的人——莎士比亚，放在了一个寻常的环境里。

扫码直达
罗宾逊的演讲

因为你忽略了莎士比亚也曾是个孩子，对吗？莎士比亚 7 岁时？我从没想过。我是说他在 7 岁时的某个特定场景。他那时在上英语课，不是吗？这得多烦人啊？"要努力学习。"被他父亲催着上床睡觉："现在去睡觉。""把笔放下，别再写那些东西了，别人看都看不懂。"

◎ 情感释放或情感宣泄的幽默

第三种观点认为，人们会笑，是因为幽默是为了释放强烈的情感。通常，笑声是对窘迫和害怕等消极情绪的一种缓解。黑色幽默，也被称为绞刑架上的幽默，就可以用这种观点很好地解释：笑是为了驱散因即将死亡而产生的恐惧。同样，对于低俗或黄色的幽默，笑可以排解尴尬和窘迫。

回想一下从坠机事件中生还的"哈得孙河上的奇迹"里克·伊莱亚斯。虽然他的演讲主题很沉重，但是伊莱亚斯先生的演讲还是每分钟都有一个笑点。从他的开场白可以看到，大多数笑点都依赖于情感释放：

想象你现在在 1 000 米的高空，发生了大爆炸。想象机舱里满是黑烟，引擎在发出咔嗒咔嗒的声响，听上去很可怕。那天我的位置很特别，坐在 1D 的位置上，是唯一一个可以面对空乘人员说话的人。于是我立刻看着她们，她们说："没问题，我们大概是撞上鸟了。"机长已经掉转了机头，我们还没走多远，这时可以看到曼哈顿。两分钟以后，三件事情同时发生了。机长把飞机对准了哈得孙河，一般的航道可不是这样。（笑声）他还关上了引擎。现在，设想你身处一架没有声音的飞机上。然后，机长说了几个字——是我听过最不带情绪的几个字，他说："即将迫降，小心冲击。"我都不用再问空乘人员什么了。（笑声）我可以从她的眼神中看到恐惧。我们要死了。

扫码直达
伊莱亚斯的演讲

◎ 自我贬低的幽默

上面总共谈到三种观点——优越感、出乎意料、情感释放，几乎囊括了所有类型的幽默。不过，应当把这三种观点想象成维恩图（Venn diagram）中三个部分重叠的圆。虽然一些笑话可以很好地用一种观点解释，但是更多笑话明显涉及至少两个观点，还有一些涉及三个观点。自我贬低的幽默就至少包含了两个观点。首先，这种幽默让观众有一种比演讲者优越的感觉。其次，观众期待演讲者是有能力且自信的，因此，当演讲者使用自我贬低的幽默时，观众往往会觉得是一个惊喜，会因此报以笑声。这种笑通常源于同理心。当然，自我贬低的幽默还涉及情感释放的观点——例如，当演讲者对自己的疾病轻描淡写时便是如此。

自我贬低的幽默简单易行，且效果显著。在这个社会中，我们习惯于保持体面。当演讲者放下防备，表明自己实际上只是有缺陷的普通人时，我们便会不由自主地笑起来。当别人承认自己判断失误时，我们会笑；甚至当别人分享身体疼痛的经历时，我们也会笑，只要他们相对地脱离了痛苦，未受到伤害。不过，梅尔·布鲁克斯或许不同意后半句说法："（在你们看来）悲剧就是你的一块指甲劈了，而喜剧就是我因为掉进没有井盖的下水道而摔死了。"

大脑神经研究专家吉尔·泰勒在 2008 年的 TED 演讲中讲述了她是如何在中风发作时对自己进行研究的。这本是一个催人泪下的话题，但是泰勒女士却让观众们捧腹大笑，她把自己描述成了一个超级书呆子。

就在那一瞬间，我的右胳膊在身侧彻底

麻木了。我此时才惊觉："我的天呐！我中风了！我中风了！"下一秒，我的大脑就告诉我说："哇喔，这太酷了！太酷了！"有几个神经学家能有机会从里到外地研究自己的大脑啊？

扫码直达泰勒的演讲

如果你看过比尔·考斯比、杰瑞·宋飞、凯西·格里芬等杰出喜剧演员的表演，你就会发现他们在等候笑声平息时通常有两种状态。如果当时正在扮演一个角色，他们就会留在那个角色中，尽量不动，除非动作本身就是笑点。如果不是角色表演而是因为说话引起观众发笑，他们就会保持温和的微笑，要么相对保持不动，要么就走到一个新的位置上。

演讲者可以在对话丰富的故事中插入幽默元素。泰勒在演讲中并没有描述自己当时的感受，而是巧妙地在自己跟自己的对话中融进幽默元素。同样，肯·罗宾逊爵士也在年轻的莎士比亚和父亲的对话中加入了幽默元素。

增强幽默效果的三种方法

◎ 精心安排笑点

学会重复。如果想知道在 TED 演讲中需要多搞笑，就思考一些极端的例子。表演脱口秀的职业喜剧演员每分钟要抖四五个包袱，但这对主题演讲来说太多了，而且几乎是常人无法达到的。相比之下，比尔·盖茨在一次 TED 演讲中每 10 分钟才有一个笑点，显得有点儿单调无聊。

我稍微地做了些科学分析，发现观看次数最多的 TED 视频演讲者平均每分钟有一个笑点。最好的演讲者每分钟会有 2~3 个笑点。秘诀在于，笑点并不是平均分布的。当演讲者碰上一个有趣的主题时，他们会一连"重复"3 遍，话语越来越搞笑。肯·罗宾逊爵士在这方面就是大师，上面提到的莎士比亚小时候的插曲便是如此。

◎ 善用声音、动作和表情

作为演讲者，我们经常忘记一点，可供支配的不仅仅是语言。就幽默而言，有一些非语言技巧也可以用来增强效果。最简单的调整是将面部表情和手势与讲述的幽默同步起来。在使用面部表情方面，金·凯瑞是当代最伟大的喜剧天才。不过我们没有必要这么极端。即便只是将眼睛睁得像灯泡一样大且眉毛上挑这样的小动作，也可以向观众释放出笑的信号。幽默很可能是嵌在故事里的，因此面部表情要呼应对话中的角色。身体和动作也同样可以增强效果。例如，杂乱无章的动作可以使角色显得紧张或激动。

◎ 选择原创幽默

除了避免无礼冒犯，在公众演讲中使用幽默还有一个很重要的方面需要避免，那就是无论如何，避免使用在别处听到或读到的笑话。这种笑话是指人人都可以接触到的，或是街边随处听来的那些。如果观众之前听过这个笑话，那么演讲者就会立刻被视为缺乏创新性，而没有听过这个笑话的观众也会感觉到这是引述过来的。俏皮话现在已经过时了，脱口秀演员如今致力于夸大社会评论及个人经历。也就是说，演讲者需要原创幽默，可以对个人经历中的角色、时间和对话进行戏剧化的夸张。

公开演讲是一件很伤脑筋的事，试图搞笑往往会加剧演讲者的焦虑情绪。但在尝试以前，可以先问问自己，最坏会发生什么情况？也许有一个笑话失败了，根本没人笑。但这又怎样呢？没有人会记得，没有人会在闲聊时提起你失败的搞笑尝试，你也不会因此一无所有。不过，为了降低风险，在登上 TED 演讲台之前，先和一些朋友或是几个观众演练一下。这一点尤为关键，因为大多数幽默是在排练时发现的，而不是在一开始写的时候。正如其他发明创造一样，得到更多笑声的秘诀就在于讲更多的笑话。

一段话能否引人发笑，不仅取决于这段话的内容，还取决于这段

147

话的呈现方式。当然，这个原则的适用范围远不止幽默。

让语言表达成功转型的四个要点

◎ 语气热情谦逊

为了能在 TED 舞台上有优秀的表现，你必须精通语言表达。幸运的是，你有足够的机会练习，因为公开演讲其实是日常对话的加强版。这当然也是一把双刃剑，因为日常对话中的某些缺陷也会在演讲中放大。但是，只需稍加练习，无论是台上还是台下，你都可以实现语言表达的成功转型。

除了语言大师和经过严格训练的故事讲述者，大多数 TED 演讲者都倾向于采用热情健谈的风格。要实现这个目标，关键就是用你自己的声音讲话，辅以真实、有趣的内容且语气谦逊。在简短且完整的句子里使用清晰的、日常的、通俗的语言。大多数 TED 演讲者使用的英语都是六年级的水平。他们的语言都表现出一种极具感染力的好奇、探索欲和敬畏心。要展现谦逊的姿态，可以用向导般的语气分享专业知识，而不是自说自话。哪怕是一丝一毫的自夸自大也会让观众失去兴趣。

　　TED 偶尔会在网站上传来自第三方的具有影响力的演讲。尽管史蒂夫·乔布斯从未在 TED 大会发表过演讲，但他确实被认为是一个热情健谈的人，也高居网站最受欢迎演讲者之列。从他 2005 年在斯坦福大学发表的感人的毕业演讲中就可以一探究竟（演讲提纲见表 5-4）。他在苹果电脑发布会的演讲是最好的例证。他的语言充满了最高级形式的赞扬，比如惊艳和难以置信等。听了他的演讲你就会相信他挑战现状的勇气、把世界变得更美的决心，而你也想成为扫码直达乔布斯演讲的听众中的一员。

扫码直达
乔布斯的演讲

◎ 绝对不要使用口头禅

　　你如果曾经试着戒掉口头禅，肯定知道这个过程就如同修补一座年久失修、经常漏水的大坝一样。你刚戒掉一个，另一个又抛向了你。在逗号处停一下，在句号处顿两下，可以有效戒掉最常见的口头禅，包括"嗯""啊""比如""你知道"等等。

　　大多数人的演讲充满口头禅。人们使用口头禅是因为他们不适应空白和停顿。最常见的是"嗯"和

表 5-4　史蒂夫·乔布斯 2005 年斯坦福大学毕业典礼演讲的提纲

要素	论点	论据
导论	（1）今天，我想告诉你们我生命中的三个故事	
A 部分	（3）串起生命中的点点滴滴：遵从你的内心，选择自己的兴趣所在。要相信你现在所经历的，将在你未来的生命中串联起来	（2）我从里德学院退学后"顺便"学习了 18 个月我感兴趣的课，比如书法
B 部分	（5）爱与失去：不要让失败阻止你从事热爱的工作	（4）我被苹果公司解雇了，重新开始我的职业生涯，创办了 NeXT 公司和皮克斯公司
C 部分	（7）关于死亡：把每一天都当成你生命里的最后一天	（6）一年前我被诊断出患有癌症，只剩 3~6 个月生命，但是手术之后我康复了
结论	（8）求知若渴，虚怀若谷	

"啊"，但已经更多地被"因此""其实"，甚至是偶尔出现的咂嘴声替代了。还有更狡猾的，也属于同一个类别，是一些单词和短语，比如"像""你知道""有些"，以及"某种程度上"，因为它们都表达了你的演讲中有不确定的地方——更不用说尚未成熟的地方了。

对于口头禅这种顽固词最有效的治疗方法是"爆发—停止"。连贯地说，在标点处停顿。停顿不仅代替了口头禅，还是自我控制的好时机。短暂的停顿提供了收集和构思想法的时间。除了给演讲者提供方便，停顿还给观众提供了消化所讲内容的时间。稍长一点儿的停顿和重点强调如同一个微妙且强烈的感叹号，可以有效抓住观众的注意力。停顿就像是一个永远在奉献的礼物。

◎ 发挥停顿的力量

像史蒂夫·乔布斯一样伟大的演说家都知道，停顿是最有效的语言武器。在乔布斯演讲开始的一分钟内，他停顿了 9 次，相当于每 6 秒停顿一次。但是他的演讲一点儿都不生硬，相反，给了观众仔细咀嚼信息的时间。

停顿有四个关键目的，还有一个特殊益处。

第一个目的，增加戏剧效果，这也是乔布斯先生站上讲台后停顿了 3 秒的原因。适当的停顿给了观众鼓掌的时间。也就是说，演讲者利用这片刻的安静建立起同观众连接的纽带。他们同左手边的一个人或者一群人进行眼神交流，在进入正题之前又同右手边的人进行同样的眼神交流。人们习惯于在沉默的时候提高注意力，老练的演讲者会抓住每一个机会攻破观众的防守机制。带有戏剧效果的停顿通常出现在演讲的开场，但是它也可以出现在开始之前、中间过程或者结尾这些重要的节点。这也正是史蒂夫·乔布斯的开场有许多停顿的原因。

第二个目的，让观众有更多的时间加工演讲者说过的话。我把这个当成理解作用的停顿。演讲者通常在逗号时停顿一个小节——听音乐的时候你轻敲脚步的时间，在句号时停顿两小节。因此，理解作用的停顿应该被当成是语言停顿符号。

第三个目的我们在幽默那章已经介绍过。乔布斯先生在他的演讲中使用的 6 次停顿表明了他是幽默型停顿的高手。在这些停顿中，最具艺术效果的一次是他停顿了 8 秒之后说道："如果我没有在大学旁

151

听那堂课（书法课），Mac 电脑将不会提供各种字体和字号。自从 Windows 系统'山寨'了苹果系统以后，所有的个人电脑都有了这些东西。"

第四个目的是起转折作用。这类停顿一般来说比较长，而且允许演讲者移动到讲台上的一个新地方——如果有必要的话。在乔布斯先生开场部分的末端，他又停顿了一下，以表明将进入演讲的主体部分。这次演讲因为站在讲台后面，所以他不能像以前那样自由移动。

停顿的一个特殊益处与那些"嗯""啊""像""比如""你知道"等口头禅有关。人们站在舞台上时都会感到紧张，越紧张就越容易带上口头禅。渐渐习惯于空白是遏制加入口头禅的唯一途径。为了达到这种舒适的目的，需要练习在自然断句处加入理解性停顿。

◎ **改变语速、音量和音调，打造有变化的声音**

在利用停顿摆脱口头禅之后，演讲者需要通过声音的变化让演讲具有趣味。TED 演讲要求演讲者大部分时间处在"激昂"象限，大声演讲而且保持相当充沛的精力（见图 5-1）。通常来说，他们在传递重要信息的时候仍然保持音量不变，但是会放慢语速。

在内容过渡的地方，演讲者通常会换到"平静"象限。在人的潜意识里，"平静"象限与建立信任有关，销售人员经常在结束交易之前使用这个象限中的声音。许多演讲者从不冒险进入"悬念"象限，使用这种声音的人通常会讲述那种令人高度紧张或高度期待的故事。

图 5-1 音量与语速象限图

　　人们其实都善于察觉变化，所以吸引观众兴趣的关键一点就是运用声音的对比。如果演讲者在自然状态下的讲话是轻柔缓慢的，那么在强调重要信息的时候就需换到斜对角的象限，即音量大、语速快的"激昂"象限。反过来也是如此，激昂的演讲者在强调信息的时候，可以使用较为平静的方式。

　　没有所谓的最佳象限，不管以哪一块作为主要声音区域都可以。不过要小心，别在某一个象限内停留太久。如果你的演讲方式一直是激昂的，那么观众会觉得你过于热情，可能会因此断定你是狂热分子，或者认为你没有在情感上与他们联结。如果你的演讲方式一直是平静的，那么平静缓和会渐渐演变成乏味无聊。所以，声音的对比变化是关键所在。

　　这四种音量和语速的组合方式不仅可以应用到词组和句子层面，还可以应用到单个的词。例如，一些有魅力的演讲者力求用激昂的方式强调描述性的形容词和副词，这种方式可以将活力与热情传染给观众。

我认为音量和语速是声音变化的首要方面，因为这两个方面是最容易用意识控制的。不过说到用意识控制，我是有些担心的。因为真实可信才是伟大的公众演说家最重要的特征。做到真实可信并不困难，只需要将演讲对象当成你关心在意的人即可。

在舒服的状态下，这一点很容易做到，但当站在成百上千的观众面前时，许多演讲者会将情感从自己说的话中抽离出来。他们变得缄默，声音机械。要恢复活力，最好的方法是对自然说话状态下的各个方面进行强化，直到让它也成为一种自然的说话方式为止。

除了音量和语速，声音变化中另一个经常调整的方面是音调。音调会随着不同的词高低变化。演讲者可以通过逐渐增加音高，在句子结尾形成上扬的声调，以传递好奇的感觉。不过需要注意，声调总是上扬会给人一种听起来不成熟以及缺乏自信的感觉。声调的下降则是通过在句尾逐渐降低音高达成的，这样会传递出果断镇定的感觉。

声音变化中还有一些更加细微的层面，比如韵律，也可以说是抑扬顿挫或者曲调旋律，这是指从单音调向多音调的变化；音色，从气息音向饱满丰润的音色变化；吐字，从轻柔向清脆的变化。不管在什么情况下，开始演讲之前先做几次深呼吸，以便让最后一排的人也可以听清楚。

掌握了言语表达的基本技巧之后，有一点要特别注意，如果过分强调技巧，往往会对演讲效果产生反作用。这时，要将自己演讲中某一部分的语调的情感（如高兴、伤心、愤怒、激动等）与演讲方式相匹配。然后在此基础上，将音量提高两度——如果观众很多，就提高三度，以此来掩饰声音中的紧张。

用非语言技巧为演讲加分

◎ 双手自然下垂

我最初训练自己的公开演讲能力时，真的不知道双手该怎么放。我查阅了很多参考资料，发现其中要么是些毫无实际用处的说法（如怎么自然就怎么做），要么就是一系列其实根本做不到的建议。我很希望有什么资料或是有什么人能告诉我，理想的肢体语言是什么样子。

后来，我这样解决这个问题：没有手势动作的时候，双臂保持舒适自然的状态，就像是和信任的人站着谈话一样。对大多数人来说，这就意味着在不使用手臂及双手强调观点的时候，将手臂放下，自然垂于身体两侧。这是在公众演讲时最有效的基本姿势，能够与观众建立起连接，保持平等的对话关系。

很多人并不认为正确的基本姿势是将双手自然下垂于身体两侧，且手肘稍微弯曲，反而认为正确姿势是一直将双手保持在腰部以上。如果想表现得更加权威，这种姿势是恰当的。有一些人将双手与肚脐位置持平，指尖相对，做塔尖状；有一些人是十指交叉；还有一些人将两只手稍稍分开。若做出上述动作，当然会对演讲有所帮助。但除非你是大公司的执行总裁或是国家领导人，否则这样的手势就会显得太过正式。试想一下，假如你整日里四处走动的时候双手总是保持这样的姿势，应该不会很舒服。

请记住，如果是跟你关心在意的人谈话，那么双手就不应该一直放在腰部以上，因为这形成了一道屏障。即使和观众之间有一定的距离，还是会造成同样的感觉。不管演讲者在静止站立时选择什么样的姿势，一定要确保能够保持平衡，否则就很容易被观众发现你精神紧张。

虽然有很多静止姿势都是可以接受的，但下述几种在日常谈话中可能使用的姿势，需要尽量避免在台上出现：

- 遮羞布——双臂下垂，但双手交叠位于体前，这是胆怯的表现；
- 衣服口袋——双手插进口袋里，这是消极或不感兴趣的表现；
- 稍息姿势——双臂下垂，但双手背在身后，这是一种有所隐藏的表现；
- 叉腰——双手放在腰上，这是一种挑衅的表现；
- 双臂交叉——这是一种消极的、具有挑战性的姿势。

◎ 双腿采用模特站姿

当你站在台上却没有话讲的时候，是否会觉得有点儿尴尬或者不舒服？经过多年的训练，我站在台上演讲已经可以保持一个舒服的状态了。当我站在原地的时候，我会双脚分开站立，与肩同宽。不用手势动作时，胳膊可以保持两种状态。放松情况下，让双臂自然下垂于身体两侧；需要表现得更加权威时，将双手放在与肚脐持平的位置，指尖相对，作塔尖状。

这两种姿势短时间使用都是可以的，但如果每次超过 10 秒钟，看上去就会很奇怪。在公开演讲中，当主持人介绍演讲者背景，以及结尾回答观众提问时，演讲者很容易出现长时间的沉默，所以这一点要特别注意。

在一次领导力培训上，我有幸得到高级演讲教练理查德·巴特菲尔德的单独指导。我站在台上，保持着上面提到的放松姿势。巴特菲尔德先生打量着我说："你知道吗，你现在的姿势看上去还是有些攻击性？"他解释说，对于我这种身高将近 2 米、体重超过 180 斤的身材来说，两脚与肩同宽的姿势让我看起来像是随时准备猛扑过来的橄榄球后卫。

他对我的姿势进行了调整，我立刻就觉得舒服随意了。这样的调整十分有效，我称之为模特站姿——至于原因，等你按照下列要求摆好姿势，就会明白了。

- 步骤 1：开始时保持放松姿势，两脚分开，与肩同宽，双臂自然垂于两侧。

- 步骤 2：右脚稍微往前，使左脚脚趾与右脚前脚掌后半部分对齐，两脚依然保持平行站立。

- 步骤 3：右脚跟保持不动，将右脚掌向外旋转至一个舒服的角度——大约为 30 度。

- 步骤 4：将重心落在左腿上，右膝可以稍微向前弯曲。

157

- 步骤 5：将左手插进口袋里，露出大拇指。右臂自然往前移动 30~60 厘米。也可以尝试反方向，将右手插进口袋里，选择让你更舒服的姿势。

站起来试着做一下，你会感觉像模特一样在摆姿势，因此我称之为"模特站姿"。这种姿势让人十分放松，同时也会让你显得自信，平易近人。

◎ 手势一定要有，但不能使用过度

下一步要做的，就是在腰部以上、脖子以下的区域自然地使用手势。如果不想显得紧张或不自然，就不要用手触摸脸、头部、头发和后脖颈。对半数人来说，手势是表达过程中很自然的一部分。如果你不善于使用手势，那一定要强迫自己使用，否则你看起来就会像个玩具兵一样，别扭地站着一直不动。刚开始使用手势多少会觉得有些尴尬，但坚持一下，这种不适感很快就会消失。日常对话中的手势和公开演讲中的手势唯一不同之处在于，公开演讲要将手势进一步放大，以适应空间的大小。观众越多，手势就要越夸张，让大家都看得见。

有效的手势可以增强演讲效果，而且不会显得夸张。手势在开始和结束时都不能太过显眼。有时候会有这样的现象，演讲者不断重复同一个手势，以至于这个手势开始分散观众的注意力。虽然大部分手势应当保持在腰部以上脖子以下的区域，但是演讲者也可以使用周围的空间，增加手势的变化。只要语境需要，手势不管是往上扬还是向下伸都是可以接受的。人们紧张的时候，还倾向于将肘部紧紧贴在身体两侧，用以自我保护。所以，要将胳膊放开。

小时候，母亲都会告诉孩子，指指点点是个坏习惯，但很多演讲者忘记了。这一点同样适用于公开演讲。指指点点的手势就算没有冒犯性，也是具有攻击性的。那么，如果需要用手给出指示的时候该怎么做呢？这里有两个很好的替代方式。第一个是握拳法，小拇指与地面保持平行，用拇指指向观众，同时贴在食指上。这个技巧很有效，但是在强调的时候会略显不足。另一个更友好、更不易察觉的方式，是将手肘弯曲，手掌朝上，然后将手臂伸向观众。

◎ **表情配合内容**

有效使用手势是演讲中肢体表达的一个方面，另一个方面就是要呈现出积极的肢体语言。演讲开始时，对观众真诚地微笑。微笑会传递镇静与自信，同时也会在演讲者与观众之间建立起信任。当然，你不可能从头到尾都保持微笑，要确保面部表情与演讲信息同步。

◎ **眼神与观众交流**

在掌握了微笑和站立的技巧之后，下一步就是锻炼眼神接触。熟练应用眼神接触技巧的关键在于，想象自己是在与每一位观众单独进行一连串的谈话，每次谈话持续一个句子的长度，或是一个想法的长度。这样做可以避免演讲者不停地扫视全场观众，或是一直盯着地面或天花板。这个技巧要求演讲者随机和场内某位观众保持 3~5 秒钟的眼神交流。

在演讲结束的时候，应当力求与每一位观众有至少一次眼神交流。在大型会场中，可以将观众分为 4 个区域或者更多，然后把每个区域当成单独的个体，面对他们演讲 1~3 分钟。要确保身体完全面向演讲对象，不管是个人还是区域，让自己的头部、躯干和双腿成一线，同时两脚保持与肩同宽的距离。

与单个观众保持眼神交流时，一个神奇而有效的做法是盯着那个人的一只眼睛，而不是两只眼睛。虽然我还没有看到科学依据，但是演讲教练通常会这么建议：当情感上有所请求时，望着一个人的左眼；当理性上做逻辑论证时，望着一个人的右眼。这个原理是人的右脑通过左眼控制情感并处理图像，而人的左脑通过右眼控制逻辑推理并处理图像。你如果觉得这个理论有点儿不着边际，就随便挑一只眼睛看吧。

要增加眼神交流的变化，可以短暂地闭上眼睛。比如，在回忆的时候，这一招就非常合适。吉尔·泰勒在 TED 演讲中的几个地方就很有效地使用了这个技巧。

手势、面部表情以及眼神在一对一交流的时候是非常重要的非言语交流因素。但当演讲者被介绍上台做公开演讲时，要考虑的问题就不仅仅是这些了。

将讲台当作戏剧舞台

有效地来回走动可以将你真正转变成一个具有专业水准的演讲者。动作要经过刻意设计，但同时又要显得流畅自然。来回走动要有目的性，而不只是为了将自己从讲台和大屏幕的束缚中释放出来。

要做到这一点，我的建议是，把可以有效利用的空间当成一个戏剧舞台，并为演讲中的不同部分确定一个明确清晰的位置。如果是讲述一个故事，那么每一个角色都应该固定占据一个不同的位置。如果是按照时间轴叙述，那么在演讲时便从观众的左侧（不是演讲者的左侧）逐渐移动至观众的右侧。请注意，当强调重点信息，以及在与观众建立亲密联系的时候，走向观众是一个非常有用的技巧。

扫码直达平克的演讲

在阐述一个观点时，要站在一个地方保持不动，身体面对观众，脚尖也指向观众。在中间过渡的时候，先停顿一下再开始走动。走到一个新位置，停下来，再开口说话。中间的停顿可以给观众时间消化上一个观点，并为演讲者的下一个观点做准备。当然，有时候演讲者也会希望走动的距离更长一些，这种情况下就要边走边说，不过在到达一个新位置时，要停下来，挺直身体，这样看起来就不会像是在闲逛或是踱步。

在 2009 年的 TEDGlobal 演讲中，丹尼尔·平克在演讲中表现出了他在肢体移动方面的丰富经验（演讲提纲见表 5-5）。平克演讲的主题是说服企业家们在激励知识型员工时，将激励重心从外部激励转向内在激励。为了证明这一观点，他讲述了普林斯顿大学科学家山姆·

表 5-5　丹尼尔·平克的 TED 演讲提纲

要素	论点	论据
导论	（1）我想举一个例子，来反思如何经营企业	
A 部分	（3）外部奖励，如金钱奖励，实际上削弱了思维型工作的生产力	（2a）有金钱奖励的实验对象实际上花了更多的时间来解决问题 （2b）20 世纪的商业运作建立在"胡萝卜加大棒"的外部激励因素之上
B 部分	（5）知识型员工受内在奖励的激励更大	（4）世界各地的研究均表明，对于涉及认知能力的任务，奖励越大表现越差
C 部分	（6）未来的领导者需要建立一种激励员工的新型机制，以自主性、掌控力和使命感为重点	（7a）"联邦快递日"（FedEx Day）这一活动让 Atlanssian 公司的员工在 24 小时之内可以做任何想做的事 （7b）谷歌公司给员工 20% 的自主控制时间 （7c）维基百科击垮了微软 Encarta 电子百科全书
结论	（8）从外部激励转向内在激励，可以增加公司绩效，甚至改变世界	

格鲁克斯伯格曾做过的一个实验。以下描述了平克是如何利用肢体移动，从概念上和实际视觉效果上创造舞台空间的。

　　他把实验参与者叫到一起，说："我要给你们计时，看你们要用多少时间来解决这个问题。"他对第一组说："我要给你们计时来建立一个标准，看看平均用多少时间才能解决这类问题。"对于第二组他提出了奖励，他说："如果速度排名在前 25% 之内，就能拿到 5 美元。如果是今天测试中最快的一个，就可以拿到 20 美元。"

　　当说出"他对第一组说……"的时候，平克先生朝左侧移动，并用手势指向左边；当说出"对于第二组他提出……"的时候，平克先生往右侧跨了三大步，并用手势指向右边。通过对话、走动和手势，平克将房间里的观众象征性地当成实验对象，生动地演绎了这个实验。

　　在观看 TED 大会，尤其是 TEDx 大会时，你很快就会从一些经验不足的演讲者身上发现，在台上自然产生的紧张感，会赋予他们一种自己从来不知道的舞蹈天赋。TED 大会创始人克里斯·安德森非常了解这种现象。2013 年 6 月，他在《哈佛商业评论》上发表了一篇文章——《TED 演讲是如何炼成的》，文中写道："我们在彩排时发现的最大问题就是人们过于频繁地移动身体。他们晃来晃去，不断将重心从一条腿移到另一条腿上。"

　　很多演讲者并没有意识到自己的身体动作在演讲中的作用。他们

163

在集中精力思考自己的演讲内容，这当然无可厚非。在给他们提建议之前，我先将他们的演讲录下来，然后无声回放。用不了一分钟，演讲者就会清楚认识到自己的紧张情绪已经在演讲中通过身体移动表露无遗。

一旦演讲者意识到自己的问题后，治疗就变得简单易行了。我会让演讲者做一个 5 分钟的演讲，其间不能来回走动，也不能晃动身体。我鼓励他们将紧张情绪的能量引导到手势、声音以及面部表情上。演讲者每晃动一次身体或是移动一下脚步，我就会用钢笔敲一下桌子。一开始，这让演讲者很恼火，因为这会让他们分心，但是通过影响大脑的奖惩中枢，成效迅速且显著。

紧张没什么可羞耻的，尤其是面对几百位期待最好演讲的观众时。公开演讲会带来紧张感，不论是谁都一样——那些说不紧张的人都是在说谎。为了将值得传播的观点分享给大家，演讲者必须掩饰紧张感，将紧张的情绪转为从容自信。演讲者在走上台的那一刻，就开始接受观众有意或无意的评价了。一切细节都非常重要——从起身到回来坐下，其间发生的每一个细节都很重要。上台和下台的时候，要把头抬起来，展露自信的微笑，并且以平稳的速度走路。大多数情况下，上台和下台都不要太羞涩或太兴奋。

演讲者上台时的表现会传递给观众一种信号，预示着演讲的基调。TED 演讲的基调通常是鼓舞人心的，如果演讲者要传递的信息是消极阴暗的，那么走动的步伐和面部表情就应该更加平缓。

善用工具

用与不用的艺术

幻灯片并非决定演讲成败的关键

多数人一想到 TED 演讲，脑海中就会浮现出设计精美、图片丰富的幻灯片。这也的确是真实情况。但是在做演讲时，最好的选择其实是完全不用幻灯片。事实上，点击率最高的前 10 位 TED 演讲者中有 4 位都没用幻灯片，包括点击率最高纪录保持者肯·罗宾逊爵士。

本书的一个中心思想就是，伟大的演讲者会卸下伪装，忘掉一切规则，用简单真实的语言进行演讲。和朋友家人讲话时，你不会准备幻灯片，所以在公开演讲时，也试着不要使用幻灯片。作为演讲者，对于任何可能成为你与观众之间屏障的东西，不管是物理的还是情感的，都应当去掉。

◎ 图画比幻灯片更有效

　　如果你坚持要用一些视觉资料，画一幅简单的画就可以很好地代替幻灯片。TED 演讲中我个人最喜欢的是 2009 年 TEDxPugetSound 大会中西蒙·斯涅克的演讲。在长达 18 分钟的演讲中，斯涅克在恰好过了 2 分钟的时候，走到活动挂图前，拿起一支马克笔，画出了著名的"黄金圈"。想象一个靶子上有三个同心圆，靶心是"为什么做"；中间的环是"怎么做"；最外面的环是"做什么"。这样一幅简单的画就表明了伟大的领袖是如何激励人心的，以及杰出的公司是如何发展壮大的。要完成这幅画并不需要你成为厉害的艺术家，只需要你的画简单易懂即可。

扫码直达
斯涅克的演讲

◎ 多用图片，少用文字

　　如果一定要展示信息，当然可以用幻灯片。但要谨记一点，幻灯片的目的是帮助观众理解，而不是作为一份考试时夹带的小抄。假如你能负担得起，而演讲又非常重要，你可以考虑请世界顶级设计师帮你设计幻灯片，如杜瓦特设计公司的南希·杜瓦特，或是《演说之禅》(*Presentation Zen*) 的作者加尔·雷纳德。如果负担不起，至少可以买他们的书好好研读一番。

在使用幻灯片的最棒的 TED 演讲中，你会发现三种设计流派，分别是高汀流（Godin method）、高桥流（Takahashi method）和莱斯格流（Lessig method）。虽然你可以做一个纯粹主义者，在演讲中坚持只使用一个流派，但我还是建议将两个甚至三个流派混合使用，因为这样可以增加对比度和多样性。无论如何，要避免使用剪贴画，尽量减少使用人物形象、动画和视频，因为这些都会将注意力从演讲者身上转移走。

扫码直达高汀的演讲

营销大师赛斯·高汀非常推崇在幻灯片中使用丰富的图片。高汀先生做过两次 TED 演讲，分别在 2003 年和 2009 年。高汀流的做法是，将图片铺满整张幻灯片，图片分辨率要足够高。有一个很棒的方法是只展示图片的一部分，然后鼓励观众用自己的想象力来补全图片。最好的选择是使用自己的图片讲述自己的故事。

你如果就想使用一些一般性的图片，可以去网上图片商店找一些价格低廉或免费的图片，例如 iStockPhoto，Corbis，Getty Images，fotolia 或者

167

Shutterstock Images（尤其是 iStockPhoto，界面方便用户使用，价格也相对便宜）。

这些网上图片商店会提供不同大小和不同格式的图片，种类之多可能会让不了解的人望而却步。选择图片的基本原则就是像素要和投影仪分辨率保持一致。如果是 SVGA 投影仪，那么 800×600 的像素就足够了。目前主流的投影仪是 XGA，分辨率为 1024×768，再好一些的投影仪是 SXGA，分辨率为 1280×1024。

有时候，图片大小是用每英寸点数（dpi）表示的。每英寸点数也可以看成像素，只要把每英寸点数乘以英寸就可以得到图片像素。例如，一张 10 英寸 ×7.5 英寸、120dpi 的图片，像素就是 1200×900，这个像素在分辨率为 1024×768 的 XGA 投影仪上已经足够了。像素过大的图片很浪费存储空间，因为播放的图片像素没法超过投影仪的最大分辨率。至于图片格式，坚持使用 JPEG 格式或是 JPG 格式，这种格式在图片大小和质量之间有比较合理的权衡。PNG 格式也是不错的选择。不过，要避免使用 GIF 格式和 BMP 格式，GIF 格式图片质量太低，BMP 格式太占空间。

TED 演讲中常用的第二种幻灯片设计方法是高桥流，是以日本电脑程序员高桥征义的名字命名的。这种方法要求幻灯片设计简洁，只有极少的文字，用很大的字体，以简略的 7×7 原则快速播放，形成文字冲击。7×7 原则要求幻灯片设计时不超过 7 个项目符号，且每个项目符号后不超过 7 个字。不过对于 TED 演讲来说，高桥流太过业余，而且项目符号还会引起不悦。

　　莱斯格流则混杂了高汀流和高桥流。这种风格是以斯坦福大学的法学教授劳伦斯·莱斯格的名字命名的，它大量使用简单的幻灯片，快速放映。你或许也已经猜到了，莱斯格流将全屏图片配以十分简单的文字。例如，如果图片上有一个人或一只动物朝右上方看，那么就将文字放在图片中人或动物的视线所及的地方。

◎ 颜色、字体及布局上使用对比

　　幻灯片最重要的设计原则是"越少越好"。不要吝啬留白。每张幻灯片力求精练，整套幻灯片要在总体风格上保持协调。首先，少用字符，使用可以直接传达相关信息的图表。其次，用自己的声音为演讲补充细节。这种极简主义还可以应用于字体、颜色和图片的种类，以及演讲观点的分布密度这些方面。优秀的幻灯片通常只包含一个信息。如果一张幻灯片上有两个图表，就要分成两张幻灯片。专业演讲教练克雷格·瓦伦丁提供了一条很棒的指导方针："只把幻灯片当作起飞和降落的地方。"除此以外，别无他用。

　　大多数人设计幻灯片时只使用一种字体。由于很多幻灯片上会有标题，或是一些简短的标题式关键信息，所以推荐使用 Helvetica 字体或 Arial 字体。每一种字体都会带给观众不同的感觉。拿 Helvetica 字体来说，它的情绪就是中性但具权威感，对 TED 而言是很好的选择。目前市面上的大部分标识、公司 logo 都是使用这种字体。

如果演讲者需要或者想要使用多种字体，我的建议是使用同一系列的字体。字体除了有大小区别，还有粗细（细、中、粗）、斜体等其他属性的差异。这些变化，再辅以字体颜色，就可以用作对比强调。

"越少越好"原则还适用于颜色的使用。选择颜色时要有所限制，最多五种颜色。为保持图片、字体和幻灯片背景的一致性，最好的做法是从演讲使用的图片或图片背景中选取颜色。效果最好的颜色其实是单色，颜色（色相）保持单一，但是在深浅（色调）和明暗（饱和度）上有所变化。演讲者也可以选择一种微妙但明显的对比方式，即选取类似的配色方案，在色轮上选择相邻的颜色。如果想要对比明显，就使用色轮相对的互补颜色，但是要少用。中性色也很适合充当背景，如黑色和白色。在展示数据时，要使用一种能与文字信息区别开的纯色。

除了"越少越好"原则，另一个值得学习并应用的原则是精心安排文字和图片的排版位置。这又是一个在设计圈一直存在争议的话题，我建议演讲者采用三分法则，将一张幻灯片分为横3行竖3行的九宫格，把文字和图片排列在上面。如果文字或图片占了多个格子，这是完全可以接受的，但是这么做要有意识、有目的。例如，如果将一张自然景观的照片铺满整张幻灯片，那么地平线就要和两条水平网格线中的一条保持对齐。如果天空是阴暗的，地平线就和上面一条水平网格线对齐；如果天空很引人注目，地平线就和下面一条水平网格线对齐。

这个网格将帮助你找到幻灯片上的焦点。九宫格上共有五个焦点，前四个焦点是网格线的四个交叉点，这里是放置图片的绝佳位置，第五个焦点更微妙一些，它是幻灯片的视觉中心，也就是在幻灯片真正中心位置的右上方。

就在我坐下来写作这一章的时候，我 12 岁的女儿正在使用 Prezi 软件准备一个关于喀拉喀托火山（volcanic island Krakatoa）的演讲。Prezi 采用故事板（storyboard）的形式，内含专业的图像工具，可以平移和缩放图片。在另一个房间里，我 9 岁的儿子正在使用幻灯片写洛伊丝·劳里的著作《数星星》（Number the Stars）的读书报告。我的孩子在很小的年纪就开始学习设计技巧，这是我引以为豪的，但同时我也禁不住有些伤感，因为比起幻灯片的内容，他们过分得意于幻灯片的切换和动画效果。我想不只是我的孩子有这个问题，我也不是唯一一个试图扭转这种技术所带来的"形式胜于内容"的父母。

我希望读者能够认真考虑我的建议：不使用幻灯片演讲的能力。正是因为这种能力用得越来越少，所以变得弥足珍贵。目前，我只能想到两个必须使用幻灯片的例外。

一个例外是演讲者有能够极大充实演讲内容的个人照片。这一类图片记录下了演讲者的经历，每一张都胜过千言万语。请注意，这个例外包含两个部分。首先，使用的照片是个人照片，而不是素材照片，或者是更糟糕的剪贴画。其次，这些照片要确实能够充实演讲内容。即使只有一张幻灯片里包含图片，也会迫使观众关闭自己的想象力。这个代价是非常高的，值得大家权衡并妥协。

另一个例外是演讲者需要展示数据。这里我再重申一遍，数据应该是个人的数据，且应当比语言更能充实演讲。如果演讲带有数据，就更应当使用本章提到的技巧，让幻灯片样式简洁、重点突出。

有些演讲者需要比普通幻灯片更多的信息——视频片段。注意事项也是一样：视频应当是自己的视频，且必须能够提升演讲的价值。

视频，吸引观众注意还是令观众分心

◎ 视频长度最好在 30 秒之内

TED 大会非常不喜欢商业推广，TED 组织方也极少选择有传统企业背景的演讲者，因为他们的演讲是为了推销自己的事业。此外，鉴于传统观念认为所有广告都是不好的，所以大家不会想看到一家世界上最大的广告公司的副总裁站在 TED 讲台上。但奥美英国副总裁罗里·桑泽兰德还是登上了 TED 讲台，他的演讲内容是将广告用在好的地方（桑泽兰德的演讲提纲见表 6-1）。

桑泽兰德的演讲不仅使用了 22 张幻灯片，还有两段视频。第一段视频是 30 秒的商业广告，结尾处的画外音是这样的："全新钻石形 Shreddies 麦片。不变的百分百全麦，更美味的钻石形。"这个视频很短，却很有内涵，观众在理解了其中的"点"之后哈哈大笑——钻石形状只不过是方形旋转了 45 度角而已。

几句点评之后，桑泽兰德播放了一段 65 秒的视频，内容是关于用户对新型麦片反响的调研。虽然不时引起观众捧腹大笑，但是这个视频稍微有点长。不管是先天生成还是后天培养，人们停下来观看视频的时间总倾向于维持在 30 秒之内。桑泽兰德其实可以直接放弃第二个视频，或者把视频剪掉一半。

扫码直达
桑泽兰德的演讲

之前在谈论组织演讲内容时提到的喜剧演员查理·陶德十分擅长使用视频。在演讲中使用一段视频会使观众分心，如果使用四段视频，可能会让分心严重十倍，因此使用起来要极为小心。然而，陶德先生显然精于此道。他逐渐减少几段视频的时长，从最长的 180 秒的视频开始，然后是 65 秒的，接下来是 77 秒的，最后是 50 秒的。调整视频时间可以使观众感觉到演讲的节奏，因而感到满意。

扫码直达陶德的演讲

表 6-1　罗里·桑泽兰德的 TED 演讲提纲

要素	论点	论据
导论	（1）无形价值可以很好地替代有限的人力和资源	（2）花 60 亿美元只为将两地的铁路路程减少 40 分钟，如果把这些钱用在为人们提供娱乐上会怎样？
A 部分	（3）大多数问题是感知上的问题	（4）安慰剂、"安慰教育"、皇家土豆、强制戴面纱、橘子汁
B 部分	（5）说服比强制更有效	（6）和人为开超速罚单相比，雷达测速标志占用的资源较少，但在让人减速上拥有同样效果
C 部分	（7）接受无形价值可以节省有限的资源	（8）普鲁士珠宝、夏克式极简风格（Shaker minimalism）、牛仔服、可口可乐
D 部分	（9）新兴的媒体生态系统使得价值创造的大规模扁平化成为可能	（10）食物和饮料的例子，家中的巨大红色储存按钮
E 部分	（11）品味现有的有形商品中的价值	（12）Shreddies 麦片、低价红酒
结论	（13）品味无形价值，如健康和爱	

◎ 站在一侧与观众一起观看视频

　　罗里·桑泽兰德的两个视频给观众带来了视听双重体验，完全将观众的注意力吸引住了。如果他试图站在台上解说，那么观众既不能完全听见，也会错失多媒体上的内容。罗里·桑泽兰德既不是面对着观众，也没有一直盯着提示器（指对着台上发言人的显示器），而是很明智地、悄无声息地站到一侧，转过身和观众一起看着大屏幕。

◎ 对无声视频进行解说

和罗里·桑泽兰德不同，查理·陶德对自己的视频进行了解说，尤其是当视频里的声音有一些背景杂音时。这不失为一种恰当的方法。而且，对于长度超过 1 分钟的视频，解说十分重要，陶德先生使用的 4 段视频中，有 3 段是这种情况。除了陶德先生这样的表演艺术家，发明家们也经常会通过视频的演示和解说来展示他们发明的技术。

在 TED 视频中，你绝不会看到多媒体出现故障的画面，因为那些问题都在后期制作中剪掉了。但是，我可以非常确定地告诉读者，TEDx 大会中总会出现或大或小的视频故障。视频在自己的电脑上运行得很好，但一旦用投影仪和音响设备进行播放，就开始出现各种各样的问题。因此，我建议在小型会场里演讲的演讲者避免使用视频，如果视频对于演讲十分重要，那就提前达到会场，完整地演练一遍。

读者或许已经感觉到我对幻灯片和视频是有些偏见的，除非它们能显著增加附加价值，或是讲述演讲者的个人经历，否则尽量少用。其实道具也可以作为很好的补充或是替代，而且也是一种设计元素。

道具，让演讲更精彩

◎ 用的时候再拿出来

除了展示技术，人们很少使用道具，但使用与演讲内容相关的道具确实可以很好地与演讲进行结合。反贫困活动家邦克·罗伊在 TED

演讲中使用了一个布袋木偶，来说明木偶如何为他服务的村庄解决纠纷（邦克·罗伊的演讲提纲见表6-2）。

> 在文盲率很高的地方，我们都用木偶。木偶是我们交流的工具。这个木偶叫乔金·查查（Jokhim Chacha），已经300岁了。他是我的心理分析师，也是我的老师、我的医生、我的律师和我的捐款人。他真的能筹钱和解决纷争。他还经常解决我在村里遇到的问题。如果村里出现纷争，如果学校学生的出勤率下降，如果老师和家长之间产生矛盾，木偶就会召集老师和家长，当着全村人的面说："握握手吧，出勤率不能下降。"这些木偶其实是用世界银行废弃的报告纸做的。

罗伊先生一直将木偶放在旁边的讲台上。不过如果在使用木偶之前和之后将他藏起来，也许效果会更好。很多TED演讲者都有助理，负责帮助他们递送和搬走道具。除此之外，罗伊先生也可以将木偶放进一个不引人注目的小盒子里，这样观众的注意力就不会被分散。

值得注意的是，罗伊先生不仅使用了木偶，还放了几张在村庄使用木偶的幻灯片。我觉得这种有效的结合不仅新奇而且聪明，令人印象深刻。

表 6-2　邦克·罗伊的 TED 演讲提纲

要素	论点	论据
导论	（2）生活除了舒适，还有更多的价值	（1）平淡无奇的世界：45 年前我从最好的学校毕业，摆在我面前的是一个舒适的未来。但当时的我很好奇，在农村生活和工作是什么样子
A 部分	（4）传统村庄里的专业人才拥有令人难以置信的价值，已经超越了他们所在社区的范围	（3）引发事件：因此我在印度农村挖了 5 年井，梦想创立一间"赤脚大学"，让穷人也能够分享传统知识和技能
B 部分	（6）如果为村民提供更多知识，他们也能在社区里改善自己的生活	（5）高潮：直到 1986 年的某一天，我们终于建起了"赤脚大学"，可以提供教育、食物、住所、电力和医疗服务
C 部分	（8）在村民中使用的这些最佳实践可以在国内以及国与国之间自由应用	（7）新标准：方法非常有效，所以我们将这些方法传播开来，教给全印度乃至非洲、阿富汗的妇女
结论	（9）因此，人们手中拥有需要解决问题的一切方法	

除非绝对需要，否则尽量只使用一个道具，因

为道具使用过多就会变成噱头。邦克·罗伊只使用了名叫乔金·查查的木偶。吉尔·泰勒在解释右脑和左脑的生物功能时，拿出了一个真的人脑，下面还连着脊髓。

◎ 要保证所有观众都能看到

因为展示技术时经常会使用道具，所以像 TED 大会和 TEDGlobal 大会这样设备齐全的大型会场经常会使用 1~2 架摄像机，其中一台将镜头拉近至道具，将其投射到超大屏幕上。因此，道具的尺寸在这里是不成问题的。然而，在诸如 TEDx 大会之类的小型会场里，道具应该足够大，好让每一个观众都能很好地看见。如果道具过小，也可以播放道具的动态视频。普拉纳夫·米斯特里在展示各种人机互动界面设备时，就使用了这一方法。

另一个可以让观众清楚看见道具的方法是让道具自己飞起来。马库斯·费舍尔在 2011 年 TEDGlobal 大会中发表了题为《如鸟儿飞翔的机器人》的演讲，其中就用到这个方法。费舍尔先生简短地介绍了自己与团队合作开发的一个超轻的，以银鸥为模型的智能鸟，然后助手从观众席后面放飞

扫码直达
米斯特里的演讲

了一只翼展达 2 米长的大机器鸟。这只鸟在观众头顶飞了 40 秒钟，费舍尔先生一直没有说话，眼睛追随着鸟，表情和观众一样惊奇。智能鸟的飞行结束后，他再次开始演讲，并拿出了一个原尺寸的复制品，没有外皮，这样观众就能看到机器鸟的内部机械结构。

大多数人想到公开演讲的设计元素时，只考虑到幻灯片、视频和道具。然而，TED 舞台上还有另一种较少为人注意的舞台设计元素——讲台。在下一节你将看到，讲台可以被用来建立权威，也可以为自信不足的演讲者提供支持。

扫码直达
费舍尔的演讲

讲台，不要让它成为你与观众间的障碍

◎ 不得不用的时候再使用

TED 舞台上不常出现讲台，但不能因此说讲台好或者不好。有几位杰出的演说家曾使用过讲台，如奇玛曼达·阿迪契和卡伦·沃克。鉴于之前总是收到这样的评论，我在这里友情提醒一下，表演台是指演讲者站在上面的讲台，而演讲台是演讲者可以站在后面演讲的讲台，我们这里说的是后者。

扫码直达
阿迪契的演讲

扫码直达沃克的演讲

　　首先，我们假设你已经演练过，内容和演讲方式都已经确定下来。这时，你只需要在风格上做出选择：要不要使用讲台。大多数情况下，最佳选择是整场都尽量避免使用，因为讲台会在演讲者和观众之间建立起物理和心理上的屏障。如果演讲者的目的是激励和鼓舞观众，那么讲台就是大敌。

　　使用讲台的第一个理由是演讲者需要刻意展现力量和权威。过去，高管总是站在讲台后面演讲。但现在，高管也纷纷将讲台留到更为庄重严肃的场合才使用，比如展示财务业绩或宣布坏消息的时候。如果演讲者的目标是展示权威，那么记住，其他行为也要保持一致。比如，奥巴马总统不使用讲台的时候，会脱下外套，把袖子卷起来，但是当他站在讲台后面时，就一定会穿正装，打领带，并把西装扣子扣好。

　　为了保持权威，演讲者要确保和讲台完全处于幻灯片或图像投放的范围以外。如果你的身材相对于讲台高度显得略矮，那么保持权威就有些困难，所以要么单独使用一个脚凳，要么避免使用讲台。

　　使用讲台的第二个理由是由活动或是观众的规格而定的。例如，一些教会要求演讲者站在讲台后面演讲，以展现教义的权威。这种情况下，讲台也提供了便利，演讲者可以很方便地从宗教典籍中阅读较长的篇幅。同理，在发表颂词的时候也可以使用讲台。

使用讲台的第三个理由是演讲者需要依靠笔记，但现场却没有提词器。多数情况下，这并不算是正当的理由——在经过充分练习后，演讲者应该不再需要笔记了。不过，如果演讲者经常做话题非常广泛的演讲，可能就没有足够的时间排练。另外，在一些利害攸关、字字关键的场合，如公司 CEO 向消费者道歉，并发布安全通告召回产品时，也会用到笔记。

◎ 双手轻放于讲台上

据我观察，大多数未经训练的演讲者会抓着讲台侧面，甚至是抓住讲台前端或后端，或是将胳膊肘随意地放在讲台上。

如果这些都是不当的举止，那么什么是恰当的呢？在你每次开口时，要提前决定好双手的默认姿势，或是基本姿势。也就是说，要清楚地知道，在没有手势动作的时候，双手要放在哪里。我的建议是，将双手以舒适的姿势放在讲台上，尤其是在参阅笔记的时候。以下三种姿势都是可以接受的：最随意的姿势是十指相扣，注意不要握得太紧；处于随意和正式之间的姿势是十指交叉，指尖分别与另一只手的指头接触，手掌分开——大多数演讲者在使用这个技巧时会将拇指指尖相对；正式的姿势是将双手十指指尖相对，小拇指对着小拇指，食指对着食指，等等。

如果不需要参阅笔记，那么另一种可以接受的基本姿势是，站在讲台后约 30 厘米处，指尖相对成塔尖状，双手放在肚脐水平位置。

不管是把手放在讲台上，还是双手保持在肚脐水平位置，手势要自信且通常保持在胸部或以上位置。相对而言，这比不使用讲台的位置略高一些，因为讲台明显会阻碍观众视线。另外，除非你是个疯狂的独裁者，否则请不要捶讲台。但如果你真是个疯狂的独裁者，那就早早地捶，不停地捶吧。

◎ **从讲台后面走向观众**

要打破演讲者和观众之间的物理和心理障碍，就要从讲台后面走出来。不过，这种做法会受到下面几个因素的限制：场合正式性，声音或视频的效果，以及演讲者的准备情况。

在非常正式的场合，演讲开始、中间和结束的时候都不要冒险从讲台后面走出来。也就是说，演讲者需要将双脚牢牢固定在地面上，挺直身体，保持直立，这种姿势可能会持续很久。当然，偶尔可以转换身体重心，我是指为了身体舒服的需要偶尔转换。同时要牢记，不要往讲台上倾斜，不要靠在讲台上，也不要摇晃身体。

声音或视频的效果也会影响演讲者四处走动。最明显的例子是，如果唯一可用的话筒被固定在讲台上，那么演讲者就被困住了。另外，如果演讲时只有一台摄像机在录制，那么演讲者的移动范围也会受到限制，因为会受到镜头推拉和聚焦技术的限制。

如果场合不是过于正式，演讲者配有无线话筒，且现场没有录像，或是录像设备非常成熟完善，那么演讲者就可以自由走动。不过，在演讲开始和结束的时候可能需要站在讲台后面。演讲中间的走动要有目的性，在脑中把讲台假想成戏剧舞台。也就是说，走动并非只是为了变化姿势和图舒服，更不是为了释放紧张情绪。

如果开始走动，就真正地走动起来。不要只是不自然地踱到讲台侧面或是前面，看起来像是被讲台拴住一样。另一种不专业的做法是回到讲台后面只是为了继续播放幻灯片，或是为了参阅笔记。要使用幻灯片无线翻页器，最好是简洁的款式，这样就可以偷偷地在口袋里进行控制。如果确实忘记了你要讲的内容，需要参阅笔记，那么就一边喝水一边看。这种巧妙的方法可以转移观众的注意力，掩饰真正的目的，但如果过于频繁，不仅会破坏观众对你的信任，还会让你越来越想上洗手间。

下讲台的时候，不要带走笔记、水或是其他任何材料，这样演讲者可以带着自信和权威走下讲台。这些东西可以在中场休息的时候回来取，也可以从主持人那里取回。

正如我之前提到的，使用笔记的最佳方法就是完全不用笔记。但据我观察，还是有 99% 的演讲者都使用笔记。你如果也坚持成为这大多数人中的一员，那么最好还是用正确的方法使用笔记。

最佳选择是只使用单页纸，纸上用很大的字体打印出大纲，并且只占据页面的上半部分。英文字体要避免使用大写，因为会给阅读造成困难。另外，把透明文件套留在家里，不要带上台（要么就在演讲开始前藏起来），因为文件套容易反光，看上去刺眼。

如果确实需要写很多页，最佳做法同单页笔记一样。另外，把几页纸散开来放（不要订在一起，或是夹在三孔活页夹里），而且要数清楚有几页，以免掉页。最后一点，在讲到下一页时要平行移动纸张，不要翻页，以便将动作幅度和噪声降至最小，以免分散观众注意力。

如果需要在讲台后面演讲，展示权威，那么我强烈建议演讲者在讲台后面多做练习，尽可能模拟出最终呈现的情形，至少也要提前设计好双手的默认位置及其他可能的动作。如果预备得当，那么肌肉记忆自然会发挥作用，让演讲者可以将精力集中在演讲信息和观众身上。

其他准备

优秀的演讲者要重视每一个细节

在演讲台上"穿出成功"

演讲时的着装会影响到演讲者的表现以及观众的接受度。因此，不要等到演讲前一天晚上或是演讲当天才开始选衣服、洗衣服，甚至是买衣服。演讲者提前几天就要找齐一套衣服，这样就可以集中精力改进演讲内容和演讲方式。

要在台上"穿出成功"，一个最重要的考虑因素是穿上让自己身体感觉舒适的衣服。多数人穿稍微宽松的衣服会感到更自在。由于舞台灯光照在身上会很热，因此衣服要选择透气的天然材质，如棉质或轻便的羊毛衣物。如果双脚不舒服，这种不适会马上显露出来，因此要选择一双穿过的旧鞋，但是要擦拭干净。应当选择穿一整天都会很舒服的衣服和鞋，身体舒适和自信的关系非常紧密。

　　女士在服装上的选择比男士更多，因此需要额外考虑一些因素。前几排的观众位置通常会在演讲者下方，而二楼的座位会在演讲者上方，根据制作要求不同，可能会有很多摄像机从多个方位拍摄演讲者。另外，舞台灯光使薄透面料的衣服变得更加透明，因此，那些可以在灯光较暗的家里或办公室里穿的衣服，在舞台上也许是行不通的。综合以上原因，我建议女士应穿着覆盖面积与长度均合适的服装。另外，女士们，除非你们已经非常习惯于穿高跟鞋走路，不然还是选择低跟或是平跟的鞋子吧。

　　服装还应该配合演讲者的性格及演讲基调。我们来看一下这几位 TED 演讲者的服装选择：邦克·罗伊穿着紫红色的印度传统服饰古尔达（Kurta，长袖过膝长衫）、棕色羊毛背心和宽松的白色裤子，看上去就像一位提倡要赋予印度穷人知识的人；阿曼达·帕尔默是一位性格急躁的艺术家，她穿着有淡淡的丝印花朵图案的灰色 T 恤、裤脚卷起的深灰色牛仔裤和黑色的中筒军靴，还戴着厚重的配饰，这样的搭配非常符合她的角色；教育专家肯·罗宾逊爵士为了配合自己的演讲和专业气质，穿着西装外套和休闲裤，里面是浅灰色的衬衫，没有打领带。这些演讲者都选择了能表达身份的服装，并且是以一种不使观众分心的方式。

扫码直达罗伊的演讲

演讲者的服装应力求比观众更正式一些。在较为轻松的场合，如 TEDx 大会中，至少应该穿商务休闲装；而在 TED 大会中，观众多会穿商务休闲装，这时演讲者就要选择商务正装。通常，男士选择深色西装和纯白色衬衫总不会出错，打不打领带都行。同样，对女士而言，也可以选择深色套装或外套加连衣裙。颜色的选择有一个很好的办法，即事先与组织方联系，确定舞台背景的颜色，这样就不会因为同样的颜色而融入背景之中。最后，避免穿着条纹或是图案花哨的衣服，因为这种衣服会分散观众的注意力，而且在摄像机的镜头里也不太好看。

扫码直达
帕尔默的演讲

如果是在超过 20 人的场馆演讲，那么演讲者很有可能需要佩戴领夹式无线话筒。在某些情况下，演讲者可能需要佩戴两个，一个是为演讲用的，一个是为摄像收音用的。这些夹式话筒会通过连接线连在厚重的传送器上。在挑选服装的时候，演讲者应当留心这个方面带来的影响。以下是需要考虑的几点因素：

扫码直达
罗宾逊的演讲

187

第一，**需要有一个地方夹传送器。**在这个你认为不重要也不需要考虑的问题上，我有很多悲惨的经历要与你分享。作为 TEDx 大会的组织者，传送器应当放在哪里让我绞尽了脑汁。有一次，一位演讲者穿了一件紧身连衣裙，腰带是装饰性的，很容易弄坏，而且没有穿外套。幸好我的摄像师德斯蒙德·霍斯菲尔德非常聪明，在这位女士上台之前临时想出用胶带将传送器粘在她的裙子后面。其实，不管是男士还是女士，只要穿上外套、裤子或扎上一条坚固的皮带，就可以避免这个问题了。

第二，**需要有一个地方夹话筒。**最理想的位置是尽可能位于身体中间，距离下巴 15~20 厘米处。这也是我建议男士和女士穿外套的另一个原因。如果不适合穿外套，那么就要确保衬衫或裙子上有一处坚固且方便的地方，可以用来夹话筒。这些话筒非常敏感，因此要确保放置的位置不会有头发、首饰或是衣料来回摩擦。如果幸运的话，活动组织方可能会提供一个耳麦。这种话筒挂在耳朵上，横跨头部，使得服装和首饰的选择更加灵活。

第三，**连接传送器和夹式话筒的连接线要藏起来。**重申一遍，穿外套是最佳选择，这样连接线可以从背部上去，从肩膀绕过去。如果没有穿外套，那就要做好准备，因为到时会有一个你不怎么熟悉的人来帮你把连接线从衣服里绕进去。

如果可以的话，演讲者最好在大会开始前或者中间休息时去试一下音，这样可以稍微做些调整，并更加自信。试音及演讲期间，要确保衣服口袋里没有东西，而且要避免直接在扬声器前面走动。

在一些容易出现问题的演讲场合，尤其是涉及摄像机时，要带一件备用外套，这样就可以在服装不合适或出现意外的情况下迅速换上。另外，手边最好有个针线包，以防扣子松掉。

准备演讲的过程很容易陷入慌乱，最需要注意的是演讲内容。只要穿着舒适的衣服，做真实的自己，符合自己的职业，那么服装选择就不成问题了。

有信仰，还要活出热情

"怎样才能入选 TED 演讲呢？"这是我最常听到的问题，尤其是从专业演讲者那里。我得承认，这是我最不想写的部分，因为我认为这部分所依赖的前提是危险的。当你提出这个问题的时候，实际上就忽略了真正重要的因素——活出自己的热情，真实地信奉一个值得传播的观点。如果做了 TED 演讲，却没有活出热情，你还是输掉了。如果活出了热情，却从没做过 TED 演讲，你还是胜利者。无须惊讶，活出热情正是通往 TED 演讲最直接的途径。

在整本书中，我一直尽力为读者提供具体的建议，帮大家做一场令人难忘的 TED 演讲。但是在"活出热情"这个话题上，我向读者推荐一些比我更具资格的人，例如，赛斯·高汀提倡实现专业热情，奥普拉·温弗瑞鼓励追求个人兴趣爱好，托尼·罗宾斯则将两者结合到

189

了一起。同时，我希望读者思考一下这三类人——教育家、艺术家和变革推动者，这些人都包括在我在第1章提到的15种角色中。除了极少数人，这些人一生中有数十年的时间都致力于研究一个深奥难懂的领域，并成为其中的专家。他们在TED的演讲只是为一个句子画上句号，而这个句子只是他们人生故事中很微小的一部分。

或许我自己的故事更具启发性。回顾以前，我研究并练习公开演讲的时间超过10年。一路上，我一直收到这样的建议，说我应该努力做一个会演讲的专家，而不是专业演讲人。前者很有内涵，后者只是有口才而已。然而，在研究各种领域的过程中，我还是不断地转回到对于演讲的痴迷上。据我所知，做关于演讲的演讲并不足以维持生计，但幸运的是，我还有一份全职工作。

2011年12月，我的朋友莎拉·戈什曼邀请一群国际演讲会的朋友帮忙组织一场TEDx大会。当时，戈什曼是致力于治愈海绵状脑白质脑病的非营利组织Jacob's Cure里的一个多面手。日常工作以外，她喜欢追求更多的经历和体验。她知道TEDx组织方严禁自我推销，但还是对TED十分入迷，所以想要在她所在的社区做一些事情，传播一些观点。

虽然我并不懂如何组织大会，但还是自愿来帮忙，直接或间接地从我的人际网络中找人补齐演讲者名单。大会日期一天天临近，戈什曼却需要退居二线，腾出时间来照顾她生病的亲戚。作为她的助手，我就要站出来顶替组织方的空缺，并且担任主持人。

大会当天，观众里有一群 20 多岁的年轻人，他们都在康涅狄格州哈特福德市工作，其中包括保险业务分析师布赖恩·沃德尔。大会结束后，沃德尔和他的朋友决定自己举办一场 TEDx 大会，问我愿不愿意做一个关于演讲的演讲。其实我的本意是尽量少出现在台上，只简单地介绍演讲嘉宾，并把他们的演讲和我们的主题串联起来。但这些努力还是没能掩盖我身上散发出的那种信号：其实我是一个痴迷于演讲的呆子。如果读者见过我，就会明白要屏蔽这个信号对我来说太困难了。

我讲这个故事的意义并不是为了说明组织 TEDx大会是通往 TEDx 大会或 TED 大会的好途径。实际上，这个方法很糟糕，因为 TED 禁止组织者在自己组织的大会上做演讲，而且筹划并组织一场大会非常消耗时间，压力很大，要付出高昂的代价。我的观点是，我事先绝对没打算在 TEDx 大会上演讲，我只是要活出自己的热情。然而，事情的发展就像多米诺骨牌一样，一个 TEDx 的组织方邀请我去演讲，我答应了。如果把这种痴迷换一下，你会发现，几乎每一位 TED 或 TEDx 的演讲者都有过类似的故事。

我第一次帮忙组织 TEDx 大会时，给演讲者设定了很高的目标。我给营销大师赛斯·高汀发了如下邮件：

赛斯，您好！

我是 4 月 28 日康涅狄格州斯坦福德市 TEDx 大会的组织方，虽然我明白观众的规模对于您来说可能有些小（约 100 人），但不知道您是否可以推荐一些住在纽约都会区并接受过您辅导的演讲者呢？

祝好！杰瑞米上

我是周二晚上 9：45 发的这封邮件。要知道，我和赛斯并不熟，但他还是在 3 分钟后就回复了我，帮我联系了文化斗士阿尔·皮塔姆帕里，并安排了会面。皮塔姆帕里又向我推荐了另一位演讲者，那位演讲者又推荐了另一个人。在我们的会议议程确定以后，赛斯又推荐了两位演讲者——劳琳·巴列斯特罗斯和伊什塔·古普塔，后来我将他们推荐给了另一个 TEDx 组织方。皮塔姆帕里、巴列斯特罗斯和古普塔并没有在主动寻找演讲机会，但他们活出了自己的热情，自然就引起了他人的注意。

对于 TED 大会和 TEDx 大会来说，大多数情况是组织方先注意到演讲者，然后发出邀请，而不是通过公开申请的途径。即便如此，申请去 TED 演讲也没有什么损失，因为最坏的情况不过就是被组织方拒绝。

可以想象，在 TED 大会或是 TEDGlobal 大会做演讲，比起在单独组织的 TEDx 大会中做演讲要困难许多。过去，官方组织的 TED 大会举行过海选，但是海选流程每年都不一样。TED 也有一个"推荐演讲者"的表格，可以推荐自己或是别人。但各位也许会失望，我从来没见过哪个演讲者是通过填写这张表格登上讲台的。有一些演讲者最初是 TED 大会的观众，但后来被邀请去做演讲，如贝姬·布兰

扫码直达
盖洛普的演讲

193

顿、理查德·约翰和辛迪·盖洛普。不过，要是因为这个原因去听TED演讲，那可就不对了。

网上有 1 000 多段 TED 大会的演讲，而 TEDx 大会的演讲已经超过 2.5 万段。按照这个比例，受邀去 TEDx 大会做演讲的概率要高出 25 倍。以下是 TEDxVictoria 大会的共同创办人约翰·杰弗里·马德林在 Quora. com 网站上发表的一个关于 TEDx 大会的非正式申请流程：

> 对于 TEDx 大会而言，根据我作为组织方的经验，我们并不介意人们极力推荐自己去演讲。不过，大多数人似乎对于如何做一个"TED 式"的简短演讲没有什么概念。来到 TED 大会和 TEDx 大会组织方面前的绝大多数人最终都变成了自我推销，而最好的演讲者往往是那些忙于自己不凡的工作而无暇做演讲的人。而我们就得找到他们，说服他们贡献出一些时间来传播他们的观点。
>
> 如果你打算去试讲，这里有一些建议：重点清晰。要告诉我们一些只有你才能告诉我们的东西。不要极力推荐你的项目，而是告诉我们你从中学到的东西。
>
> 也不要告诉我们这个世界的一般趋势，比如现在是新的"觉醒年代"的开端，人类开始跨过资本主义和消费主义，开始爱别人、爱地球。这些也许是对的，但是你有什么资格来告诉我们这些呢？这些确实是观点，但是背后也许要有经验和研究，至少也

要有什么故事吧。

马德林先生的经验也是我的经验。他提到的那些"自我推销"的人通常是一些职业演说家或是专业教练。我有一些好朋友以演讲为生，他们也想在 TED 大会或是 TEDx 大会做演讲。虽然我很尊敬他们，但还是不得不提醒一下，那些观众花钱买来的企业演讲往往缺乏新颖性、原创性和可信度，并不适用于 TED 演讲。我给他们的劝告是，他们不应该改变自我，毕竟他们也是在追求自己的热情。不过，当他们申请演讲时，我会建议他们从自己"平常"生活中找出一个值得传播的观点，并集中分享这背后的故事。

或许，来 TED 做演讲最差的一个理由就是把这当作跳板，想一举成名，获得财富。虽然可以找到这样的例子，如一些人在做完 TED 演讲后，事业上有所发展，但这种情况发生的概率和可控度接近于买彩票。我做完 TEDx 演讲后，生活并没有什么改变，至少不是因为演讲而发生的改变。你可能会问：难道这本书不是演讲所带来的？说来也有趣，确实不是！早在做 TEDx 演讲之前，我就自己出版了这本书的早期版本。而且我的 TEDx 演讲的观看次数也微不足道，这正好也说明了，关于演讲的演讲并不是世界上最受欢迎的话题。

同样，我也和很多演讲访问量上万，甚至数百万的演讲者聊过，其中一些人本来就很有名，来 TED 大会演讲的经历只是锦上添花。而另一些人，有那么几个星期或者一两个月的时间，他们的电话响个不停，收件箱里满是邮件，但是之后生活又恢复如常，而他们也继续追求自己原本的热情。

重申一下，做 TED 演讲的正确动机是分享一个值得传播的观点。如果组织方选中了你，或是你有机会去别的场合做演讲，那么你现在就要开始做准备了。

用心练习、认真准备，你一定能摆脱恐惧

控制公开演讲的紧张感不是在演讲当天才开始练习，而是早就应该开始。尤其是当你要做 TED 演讲前，要先在一个可靠并能收到大量反馈的环境里练习至少三遍。一个专业的演说家足以提供一个有大量反馈的环境，不过你也许更想召集一些朋友和同事来听一听。练习的目标是实现对话式演讲，避免死记硬背或是直接读稿。练习三遍能够使你更加熟悉演讲内容，从而更加自信。

通常我会建议人们在镜子前面练习，给自己朗读演讲稿，或是反复听自己的演讲。但在一群朋友前演讲，或是参加国际演讲会的例会的效果绝对胜过使用这些老生常谈的方法，因为这会打造出一种真实的场景。一旦承诺在某个约定好的时间演讲，就要更加用心练习。另外，在众人面前演讲也会产生一种压力，促使你将演讲内容熟记于心。

我建议只列出演讲提纲，而不是像剧本一样逐字写下来，除非你有舞台表演经验。即便你能够记住很长的材料，但背诵演讲往往听上

去不够真实可信。而且，一旦忘词就很难再回忆起来。使用提纲就容易得多。虽然每次练习演讲都会有少许的不同，但效果会越来越好。

到达场馆时，你可能会更加怯场。公开演讲是在观众面前的表演，当导演确认一切准备就绪，演出的大幕拉开时，伟大的演说家能掌控所有环境。提早到达才有充足的时间适应环境布局，或调整技术设备。

若使用技术设备，就要做万全准备。永远备有"B计划"，如单页纸的提纲（推荐使用）或幻灯片的打印版。要试音并将幻灯片用放映模式过一遍，以确保电脑正常运行，且图像能够呈现出预期的效果。我们很容易对准备工作自我满足。有一次，我在幻灯片里插了一个白痴的停止标记图片，而事先又没有排练。令我感到震惊和慌乱的是，这个停止标记在播放过程中不停闪现，非常令人讨厌，而我面前就坐着公司的高层领导。幸运的是，我的上司都有幽默感，但是我从中得到一个教训：再认真仔细都不为过。

明白现场的环境布局甚至做出调整，与测试技术设备同等重要。不管能不能改变环境布局，都应该花些时间计划一下怎样使用现场空间。例如，如果演讲时可以自由走动，就可以提前决定好站的位置和移动的路径。如果可以改变环境，可根据需要重新布置桌椅，增加或者挪走讲台，调整活动白板的位置。

提前到达，掌控环境，可以为演讲者提供自信，这种自信也会带到演讲中。不过，这还有另一个值得注意的好处，一旦掌握了技术设备的使用，适应了现场空间，提前到达就提供了一个绝佳的机会，让

197

你在正式演讲前与观众建立起融洽的关系。用心倾听的话，还可以在观众中找到盟友，听取他们的见解和故事，将其融进自己的演讲中。

上台前请释放一下紧张情绪，用力甩甩胳膊和双手——不过，要在观众视线范围以外。下一步，缓慢而从容地运用腹式呼吸法，吸气时腹部往外膨胀，呼气时腹部往内收缩。如果做法正确，肩膀是不会移动的。另外，把笔记装在口袋里。或许你永远用不到这些笔记，但是装在口袋里可以平复潜意识里的恐惧。而且，要仿效专业演说家的做法，上台之前把口袋里除笔记外的一切东西清空。

真正开始演讲时，谨记观众是真心希望演讲成功的。虽然我不提倡背下整篇演讲词，但是强烈建议演讲者熟记自我介绍。如果开场强势有力，那么这种自信会一直延续下去。

最后，要记住演讲者紧张时容易语速过快。要慢下来，灵活地使用停顿。停顿可以让观众跟上演讲进度，也可以给演讲者一些时间缓慢从容地呼吸。

提示器是面向演说者的显示器，在重要演讲中十分必要。如果有幻灯片要放，那么提示器可以让演讲者在放映幻灯片时仍然面朝前方。这样既不会使血压升高，还可以让演讲者看上去更加干练，因为不用经常转身核对屏幕上的信息。

在没有幻灯片时，提示器依然很有用。活动组织方会根据演讲者的要求在提示器上放映他们要求的内容。我的建议是放上一张字体很大、极为简单的大纲，最好是适合屏幕的单页大纲，因为在观众看不到任何幻灯片的情况下，使用无线翻页器会显得很奇怪。大纲可能用不到，但是有总比没有使人安心。即便有人在控制幻灯片，你也一定不想依赖别人来保持自己和演讲内容的同步。

公开演讲的恐惧感确实存在，而且普遍存在，不管把它归类为理性因素还是非理性因素，都无法让它消失。即使知道其他演讲者也将公开演讲视为如死亡一般糟糕的事儿，也丝毫不能减轻恐惧的程度。正如我早前说的，演讲中的紧张情绪永远不会消失。但只要经常练习，学会将紧张产生的能量转变为激情的演讲动力就可以了。

精心准备介绍词，开场就给观众留下深刻印象

◎与演讲主题相关

TED 演讲视频没有把介绍演讲者出场的方式展现出来，这其实是一件非常遗憾的事。市面上也没有多少公开文献是关于帮助演讲者做"TED 式"自我介绍这一话题的。虽然糟糕的介绍词不太可能埋没精彩的演讲，但是一个不超过 2 分钟的精彩介绍词却能够为演讲提供一个强有力的开场。

观看次数最多的一个 TED 视频的演讲者汉斯·罗斯林，他成功地给大量枯燥的公共健康数据赋予了活力与生气。他的核心观点是，我们可以联合起来，通过分享公共健康数据和数据分析工具提高全球健康水平。我先向大家展示一段不成功的介绍词，用来介绍汉斯革命性

的演讲：

女士们、先生们，今天我很荣幸地为大家介绍汉斯·罗斯林博士。他是斯德哥尔摩卡罗林斯卡学院国际健康学教授。在早期的学术生涯中，罗斯林教授致力于研究统计与医学，并于1976年获得医生执照。因为发现一种麻痹性疾病孔佐（konzo），并做了深入调查，罗斯林教授于1986年获得瑞典乌普萨拉大学的博士学位。罗斯林教授曾荣获10项大奖，其中因对人类进步做出持续贡献，在2010年获得"甘农奖"（Gannon Award）。2011年，罗斯林博士还被《快公司》（*Fast Company*）评为"2011商界最具创意人士100"之一，并入选瑞典皇家工程科学院。如果这些专业成就还不足以让各位印象深刻，那我可以告诉大家，罗斯林博士还是著名的吞剑表演艺术家。让我们以热烈的掌声欢迎汉斯·罗斯林博士来TED做演讲！[①]

光是写这些，我都几乎要睡着了。实际上，我正打算把这个简介留一份在我的床头柜上用来治疗失眠，而且我建议读者也这么做。对比而言，精彩的介绍词不只是干巴巴地罗列一连串事实和成就，而是要呈现出与演讲观点相关的事情，并且以观众为中心，迅速在观众中

---

① 完全是根据维基百科上的信息编出来的。——作者注

TED 演讲的秘密

建立起演讲者的公信力，而不是将演讲者放在偶像神坛上。请各位细细思考以上每一条特征。

有建设性的介绍词要围绕演讲者的中心思想。罗斯林博士上台演讲是为了鼓励参加 TED 大会的那些有影响力的人士支持免费公共健康数据库。1986 年他因发现并深入调查一种罕见疾病的暴发而获得瑞典乌普萨拉大学的博士殊荣，这件事虽然令人钦佩，但和演讲核心信息并不直接相关。一条更好的相关信息是罗斯林博士是卡罗林斯卡国际科研培训委员会主席，这使得他可以与亚洲、非洲、中东及拉丁美洲的多所大学开展卫生健康研究方面的合作。这一条就提前预示了接下来即将上台的这个人热衷于通过全球范围的合作推广公共健康。

之前编的那段介绍词有一个更为严重的错误，就是没有讲明这个演讲对于观众有什么益处。人们不会连坐好几个小时听别人滔滔不绝，除非能从时间和注意力的投资中得到一些回报。一份精彩的介绍词会在演讲开始之前，先用一点甜头来吸引观众，但是又不能透露太多。比较好的介绍词可能包含一些这样的话："在罗斯林博士演讲结束后，你们会了解到，分享全球健康数据能够提升你们的生活质量、孩子们的生活质量，以及我们这个 70 亿兄弟姐妹大家庭的生活质量。"进行这样小小的改动之后，观众们就有理由坐直身子，集中注意力了。

◎ 帮演讲者建立公信力

主持人必须建立起演讲者的公信力，但又不能把演讲者描述成超

201

人一样。我们虽然尊重权威，但更信任和我们一样的人。我们之所以受到鼓舞，改变观点并开始行动，是因为有一些人开始和我们一样持怀疑态度，但在尝试改变以后取得了成功。上述介绍词将罗斯林博士描绘成了天才中的天才，他是统计学家、医学博士、流行病学家，而且斩获了无数荣誉。任何人听到这样的介绍词都会说："汉斯·罗斯林博士太厉害了，但是我永远也无法取得他那样的成就，因为我既没有那样的学术背景，也没有那样的智商。"在这种情况下，下面这样的介绍就足够了："罗斯林教授是卡罗林斯卡学院国际健康方面的教授，同时在推动全球讨论公共健康方面做出了重要贡献。"这样既足以建立起演讲者的公信力，也直接与演讲中要讨论的内容联系了起来。最后，罗斯林博士会"吞剑"这件事虽然让这位好医生变得人性化，但这种介绍方式也像是在介绍马戏团的怪人，而且和接下来的主题并没有直接关系。

多数情况下，主持人根本就不认识他要介绍的演讲者。这时候，你要给主持人提供一个书面的自我介绍，请遵循以下三个原则：（1）介绍演讲对于观众的益处；（2）将主题相关度扩展到最大；（3）将履历资料减至最少。花时间和主持人一起看一遍介绍词。如果你不放心，可以礼貌地请主持人练习一两次，以确保时间和介绍方式都合乎你的要求。

另一方面，如果主持人对演讲者有一些了解，就会有些神奇的事情发生。我是从亲身经历中体会到这一点的。2011 年，我受邀到波兰面对青年企业家协会 StarveUps 的 80 名企业家做演讲。我的核心观点是能够让小公司通过演讲与大公司做成交易。就在我上台之前，企业家兼主持人约翰·弗里斯向我坦承，他因为太忙而忘记看我的介绍词了。幸运的是，大会开始之前我们在电话中交流过几次，已经认识彼此。他接过我递给他的一页介绍词，简单地看了看，然后折了几下装进口袋里，说："相信我。"毫无疑问，当时我的血压迅速飙升了几个点。约翰上台后，讲述了一个简短的个人故事，讲自己是如何极力地向投资人、合作伙伴以及顾客做推销，然后又分享了与我认识的经历，并介绍我的热情所在是努力为遇到的每个人提供方法及反馈，使他们都成为鼓舞人心的交流者。这是我听过的最好的介绍词。

◎ 与演讲基调保持一致

　　为主持人写介绍词时，最后一条需要考虑的因素是介绍词的内容要和演讲的基调保持一致。我希望主持人介绍汉斯·罗斯林时不是用迷你喜剧的套路。相反，喜剧式的介绍词对于搞笑型的演讲者非常适合，而且非常理想。介绍词和演讲保持同步，能够帮助维持会场的气氛。

　　活动组织方向演讲者索要用于介绍出场的简短个人介绍，这是标准的做法。绝大多数主持人会直接大声念出演讲者提供的内容，因此要使用之前给出的建议，然后把写下的内容大声读出来，确保给人以轻松的印象。不过，如果主持人偏离了提供的内容，也只能耸耸肩继续进行下去吧。

当主持人开始鼓掌并和你握手时，做一个深呼吸，然后尽可能地享受接下来的 18 分钟，分享值得传播的观点。

让你的演讲"病毒式传播"

怎样才能让视频"病毒式传播"呢？地球上没有人比宾夕法尼亚大学沃顿商学院的耶尔曼·温德教授更了解这一点。温德教授提出了一个虽然不能保证视频一定会有上百万的点击量，但一定可以增加点击率的方法。以下是他的研究过程。

温德教授首先基于第三方在线视频分析公司 Visible Measures 的数据库，罗列出了网上最受欢迎的 73 条广告视频，这些视频的观看次数在 700 万 ~8100 万。然后，他将每一个"病毒视频"与尽可能相似的"非病毒视频"两两分为一组，基本上是同品牌、同一个广告代理商，发布的时间间隔在一年之内。接下来，他用以下 17 个特性为每个视频贴上了标签：

- 超级碗大赛期间播放·名人

- 行动号召·幽默

- 起因·精巧可爱

- 共同创造·性

- 吉祥物·理性诉求

- 创新·情感诉求

- 孩子·在脸书被"赞"

- 动物·推特粉丝

- 出人意料

最后，温德教授对这些数据进行统计分析，确定哪些特性可以预示"病毒视频"的传播。他发现只有 4 个特性非常突出：出人意料、精巧可爱、创新、情感诉求。除了精巧可爱可能被排除在外，其他 3 个特性在任何一个 TED 演讲中都可以轻而易举地找到，因此，重点是，其实你不需要做什么太特别的事情。

我询问过几位 TED 演讲者，如理查德·约翰和贝姬·布兰顿，他们是如何让自己的视频"病毒式传播"的。回答很简单，他们什么也没做。理查德的演讲视频有几百万的访问量，但他根本没意识到自己的视频被上传到 TED 的网站了；布兰顿从发表 TED 演讲到与我们谈话的四年间，从没看过自己的视频，我的问题实际上是给了她一个惊喜。

如果你已经是和阿曼达·帕尔默、托尼·罗宾斯、马尔科姆·格拉德威尔一样的名人，那么你可以在社交网络上向几百万粉丝推广你的视频。而对其他人来说，能做的就是分享出自己最棒的观点，让它乘着机遇之风，自由飞翔。

立即开启改变世界的 TED 之旅

在写作本书期间，我仔细研究了大量的 TED 演讲视频。但就像看再多集《铁人料理》（*Iron Chef*）也不能让你成为烹饪大师一样，观看很多杰出演说家的视频并不能让你成为优秀的演讲者；同样，看完图书馆所有关于公开演讲的书也不足以使你成为优秀的演讲者；唯一可行的方法就是克服恐惧，在各种演讲场合不断打磨自己的演讲技巧。

所以，登上舞台，开始你的演讲吧！